彩　圖

日常生活教具（Everyday Living）

彩圖 2-5　以文字和圖片來標示「男廁」與「女廁」
（攝於明新科大課堂中）

彩圖 2-6　教室平面圖的製作，可以平面或立體方式呈現
（攝於明新科大課堂中）

彩圖 2-34　照顧環境：練習掃地的教具

彩圖 2-35　照顧環境：練習擦拭植物的材料與器具

語文教具（Language Arts）

彩圖 3-5⑴　以大張壁報紙呈現出「陸」、「海」、「空」的景象（康寧護專　學生製作）

彩圖 3-5⑵　以大張壁報紙呈現出「陸」、「海」、「空」的景象，並可黏貼適當的交通工具（康寧護專　學生製作）

彩圖 3-9　從報章雜誌中剪下來的字，可讓孩子貼在方格中，練習認字

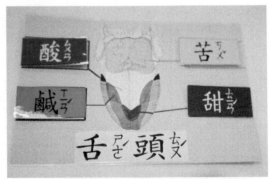

彩圖 3-11　藉著圖片、文字與顏色的配對，認識舌頭對味道的感覺（明新科大　二技學生製作）

彩圖 3-13 一本三頁的摺疊書，分類了陸、海、
空的動物和水中的生物
（明新科大　陳寶雲製作）

彩圖 3-18 以「砂紙板」練習注音符號的書
寫
（蒙特梭利教學法的教具之一）

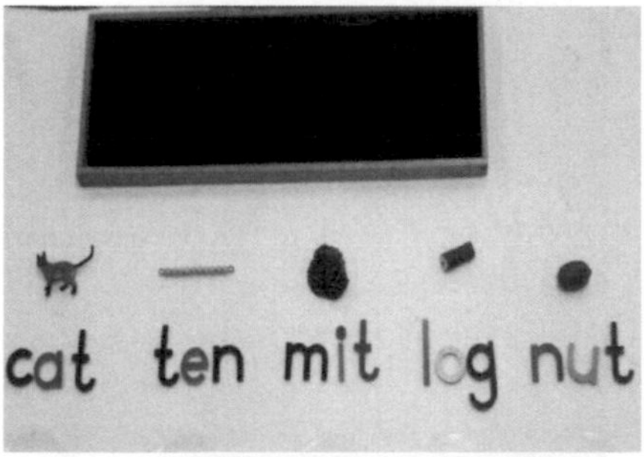

彩圖 3-21 「拼圖書」中呈現出雞的成長階段
（明新科大　邱佩嫻製作）

彩圖 3-22 移動字母的教具，可以幫助孩子
在學習英文拼字時的練習
（攝於 Xavier University 蒙特梭
利幼兒園）

數學教具（Mathematics）

彩圖 4-2　可移動的數字卡和以小石頭為
　　　　　計算量的籌碼教具
　　　　　（攝於俄亥俄州幼兒園）

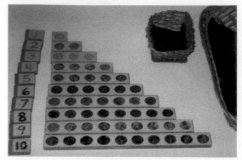

彩圖 4-3　以小木條板做成的數字卡和籌碼教
　　　　　具
　　　　　（攝於俄亥俄州幼兒園）

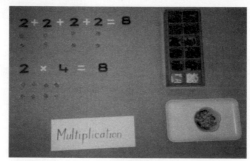

彩圖 4-12　數學演算的教具
　　　　　　（攝於俄亥俄州幼兒園）

彩圖 4-14　以紙做成的立體空間造型
　　　　　　辨識教具
　　　　　　（元智大學　學生製作）

彩圖 4-16　創意造型紙卡與生意買賣的教具
　　　　　　（明新科大　學生製作）

彩圖 4-19　認識分數和量的教具
　　　　　（西瓜模型，是將已浸濕的衛生紙加入食用
　　　　　色素後，所製作而成的）
　　　　　（攝於新竹慈幼週教保主題展覽）

彩圖 4-20　認識幾何的基本圖形
　　　　　（蒙特梭利教學法的教具之一）

彩圖 4-21　實心、粗線和細線的圓形卡片，可以讓孩子練習「實體與圖卡」的配對
　　　　　（蒙特梭利教學法的教具之一）

自然與科學教具（Science）

彩圖 5-5　　飼養蠶寶寶的空間
　　　　　　（明新科大　學生提供）

彩圖 5-6　　鳥類部位的認識與文字的配對教
　　　　　　具
　　　　　　（攝於俄亥俄州幼兒園）

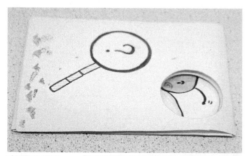

彩圖 5-7 ⑴　「請猜猜我是誰？」探索小書的
　　　　　　製作
　　　　　　（明新科大　學生設計）

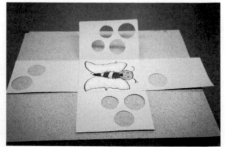

彩圖 5-7 ⑵　「請猜猜我是誰？哇，原來
　　　　　　是隻蝴蝶！」揭開神祕封面
　　　　　　的教具
　　　　　　（明新科大　學生設計）

彩圖 5-11　葉子拼圖、真實的落葉和一
　　　　　本葉子小書的教材提供
　　　　　（攝於俄亥俄州幼兒園）

彩圖 5-18　蔬菜和水果的分類教具
　　　　　（攝於 Xavier University
　　　　　蒙特梭利幼兒園）

彩圖 5-8　　以學習單的方式，讓孩子認識葉子各部位的名稱

彩圖 5-15　以學習單的方式，認識植物的根部

彩圖 5-16　以學習單的方式，認識植物各部位的名稱

彩圖 5-19　不同種子的呈現與配對
　　　　　（攝於新竹慈幼週教保
　　　　　主題展覽）

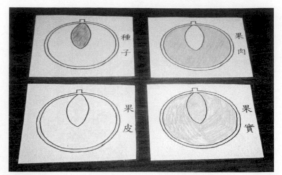

彩圖 5-20　以學習單的方式，呈現水果各部位的名稱

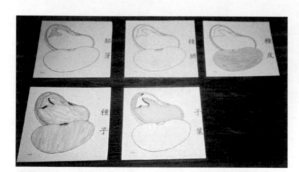

彩圖 5-21　認識種子各部位名稱的學習卡製作

彩圖 5-22　認識花與種子的海報製作
　　　　　（明新科大　學生設計）

彩圖 5-23　呈現出各種不同種類的米的教具
　　　　　（攝於新竹慈幼週教保主題展覽）

彩圖 5-24　地理模型的教具提供與教學
　　　　　（明新科大　二技學生設計）

彩圖 5-26　以「布」拼貼、縫製出的一幅美國地圖
　　　　　（攝於俄亥俄州幼兒園）

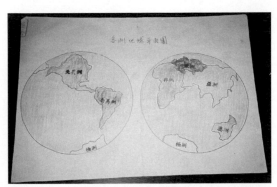

彩圖 5-27　以學習單的方式，練習各州地球平面圖的
　　　　　認識與彩繪

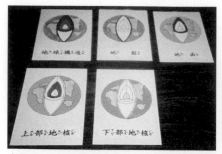

彩圖 5-28　認識地球構造的教具

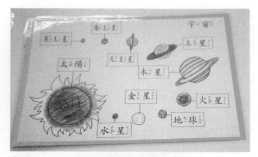

彩圖 5-30　九大行星的配對學習卡
（明新科大　二技學生設計）

彩圖 5-31　九大行星的圖卡、文字卡和星體的配對學習
（攝於 Xavier University 蒙特梭利幼兒園）

彩圖 5-34　各式各樣不同貝殼的配對，讓孩子認識貝殼的種類與形狀
（攝於 Xavier University 蒙特梭利幼兒園）

彩圖 5-38　以壁報紙呈現出「可溶解」與「不可溶
　　　　　解」之物品和名稱
　　　　　（明新科大　彭美齡設計）

彩圖 5-42　實驗燃燒中的蠟
　　　　　燭需要空氣
　　　　　（魏麗卿示範）

彩圖 5-44　溫度計的製作與
　　　　　運用
　　　　　（明新科大　二
　　　　　技學生設計）

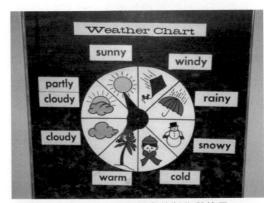

彩圖 5-45　有指針之天氣圖表的製作與使用
　　　　　（攝於俄亥俄州幼兒園）

彩圖 5-46　立體造型的「雲」、「太陽」和以線懸掛的
　　　　　　「雨滴」

彩圖 5-47　簡易的風向器製作，紙杯上方
　　　　　　標示著東、西、南、北的方向
　　　　　　（明新科大　二技學生設計）

彩圖 5-49　以紙箱子做成的皮影戲舞台
　　　　　　（康寧護專　學生製作）

體能與遊戲教具（Physical Education）

彩圖 6-4　「倒色水」的工
　　　　　作，也是一種手眼
　　　　　協調的訓練
　　　　　（魏麗卿示範）

彩圖 6-5　將瓶內的色水，倒
　　　　　入兩個已貼有錯誤
　　　　　控制線的杯子內
　　　　　（魏麗卿示範）

彩圖 6-6　「舀綠豆」的工作，可以
　　　　　訓練孩子精細動作發展
　　　　　（魏麗卿示範）

彩圖 6-7　為了增添教具的吸引力以
　　　　　及孩子的學習需要，可以
　　　　　變化延伸教具的材料
　　　　　（魏麗卿提供）

彩圖 6-11　「吸色水」的工作，是利
　　　　　　用塑膠玩具針筒來練習
　　　　　　「吸水」與「推水」的精
　　　　　　細動作發展
　　　　　　（魏麗卿示範）

彩圖 6-12　以滴管來練習「吸水」與
　　　　　　「擠水」的工作
　　　　　　（魏麗卿示範）

彩圖 6-16　此工作乃是要運用「篩」的動作，
　　　　　將綠豆與麵粉分類出來
　　　　　（魏麗卿提供）

彩圖 6-25　以水瓶罐所組成的「打保齡
　　　　　球」教具
　　　　　（明新科大　蔡心怡製作）

藝能教具（Arts）

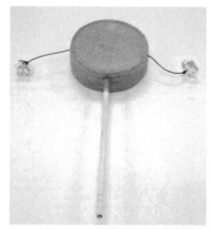

彩圖 7-3 (1)　以布料材質製作而成的波
　　　　　　浪鼓
　　　　　　（明新科大　學生製作）

彩圖 7-3 (2)　以塑膠材質製作而成的波
　　　　　　浪鼓
　　　　　　（明新科大　學生製作）

彩圖 7-6　以保利龍球所拼組而成的蜘蛛造型
　　　　　（攝於實踐大學附設托兒所）

彩圖 7-8　以紙工方式，黏貼並摺疊出立體造型
　　　　　的土地公廟
　　　　　（攝於新竹慈幼週教保主題展覽）

彩圖 7-9　以簡易紙工，製作出一串
　　　　　懸掛式的紫葡萄
　　　　　（攝於 長庚醫院托兒所）

彩圖 7-10　以彩色扁平塑膠條所編織成的球體
　　　　　（攝於新竹慈幼週教保主題展覽）

彩圖 7-15　以不同顏色和方式，製作心形
　　　　　卡片
　　　　　（攝於俄亥俄州幼兒園）

彩圖 7-16　利用訂書機固定兩張大小、形狀相
　　　　　同的紅色心形壁報紙，再以報紙為
　　　　　填充物，放入心形袋內，完成後則
　　　　　可見到一個立體的心形小枕
　　　　　（攝於俄亥俄州公立小學）

彩圖 7-18　以細繩黏貼而成的植物
　　　　　盆栽
　　　　　（攝於桃園文化中心）

彩圖 7-19　此三原色（紅、黃、藍）所組成的圓形，是由三個拱形布條所拼組而成的

彩圖 7-20　以絲瓜來做印畫
　　　　　（元智大學　學生製作）

彩圖 7-22　在蚊香盒蓋上鑽入數個小洞，有助於小圓木條的固定，如此一來就可以編織了！
　　　　　（攝於新竹慈幼週教保主題展覽）

彩圖 7-26　以布做成的十二生肖掌中戲偶
　　　　　（元智大學　學生提供）

文化教具（Cultural Awareness）

彩圖 8-1　以厚保利龍板做成的台灣拼圖，右下方的小旗子，旗面上畫著各縣市的名產，可讓孩子練習「名產」與「縣市」的配對
（明新科大　潘美芳製作）

彩圖 8-2　台灣名產與地名的配對，名產可依孩子的認知能力，以圖片或文字的方式來呈現
（明新科大　周佳穎製作）

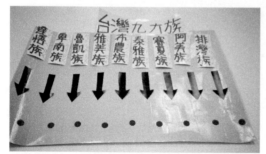

彩圖 8-3 ⑴　可移動式的原住民族人名稱文字卡與服飾配對卡，製作時可以附加魔鬼粘，以便於學習配對時的使用
（明新科大　吳嘉盈製作）

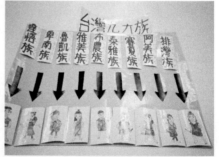

彩圖 8-3 ⑵　可移動式的原住民族人名稱文字卡與服飾配對卡，完成配對工作時的模樣
（明新科大　吳嘉盈製作）

彩圖 8-6　認識各國國旗，以紙卡做成可翻閱
　　　　　式的教具，讓孩子練習「國名」與
　　　　　「國旗」的配對學習
　　　　　（明新科大　周宛嬋製作）

彩圖 8-8　世界各國小國旗的提供
　　　　　（攝於俄亥俄州幼兒園）

彩圖 8-9　「國名」與「國服」的配對學習
　　　　　（明新科大　劉佳倫製作）

彩圖 8-10　世界各洲人民的服裝展現
　　　　　　（攝於俄亥俄州公立小學）

多元創意教具製作 與 應用
Hands-On Teaching Aids and Applications in Multi-Creativity

節慶與特別活動的教具
（Holidays and Special Activities）

彩圖 9-2　節慶配對卡
　　　　　（明新科大　楊雅茹製作）

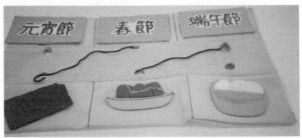

彩圖 9-4　以布做成的節慶與食物配對教具
　　　　　（明新科大　高靖雯製作）

彩圖 9-8　此長條教具乃是一個正立方體盒子
　　　　　的展延，收起來時，其形狀則為一
　　　　　正立方體；盒內的圖片皆設計為可
　　　　　翻摺式的
　　　　　（明新科大　彭意茸製作）

彩圖 9-9　此龍舟的製作，乃是運用紙盒
　　　　　子的材料組合而成的，再以彩
　　　　　色圖畫紙，浮貼於上側，師生
　　　　　可以一起構思，創作出喜愛的
　　　　　龍頭出來
　　　　　（元智大學　學生製作）

彩圖 9-14⑴　配合萬聖節的活動，簽到簿
　　　　　　也可以創意十足（封面）
　　　　　　（康寧護專　李惠娟製作）

彩圖 9-14⑵　配合萬聖節的活動，簽到簿也可
　　　　　　以創意十足（內頁）
　　　　　　（康寧護專　李惠娟製作）

彩圖 9-16　　　在開學的前幾週，可在教室
　　　　　　的門上，布置歡迎孩子回學
　　　　　　校上課的畫面，人物上塗著
　　　　　　不同顏色、高度、胖瘦與性
　　　　　　別，意謂著「歡迎大家」
　　　　　　（攝於俄亥俄州公立小學）

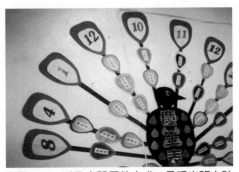

彩圖 9-19　　以孔雀開屏的方式，呈現出班上孩
　　　　　　子們的慶生表
　　　　　　（攝於新竹托兒所）

多元創意教具製作與應用

Hands-On Teaching Aids and Applications in Multi-Creativity

魏麗卿　著

作者簡介

魏麗卿

學　歷

斯柏汀大學　教育學院教育領導博士

塞維爾大學　幼兒教育碩士

奧克蘭教育學院　幼兒教學文憑

奧克蘭教育學院　高等學位培育中心　國家級英語教學文憑

奧克蘭教育學院　高等學位培育中心　雙語高等證書

經　歷

康寧護專　幼保科實習指導　講師

元智大學　保育人員班　講師

明新科技大學　幼保系　講師

中原大學　保姆人員訓練班　講師

中原大學　幼教人員學分班　講師

中原大學　特殊教育系　創造思考的幼兒教育　研習講師

蒙特梭利啟蒙研究基金會　講師

新民國小　親職教育講座　講師

奧克蘭蒙特梭利學校　教師

幼兒園美語及蒙特梭利　教學主任

2002 年　新竹縣托兒所　評鑑委員

2003 年　行政院衛生署國民健康局「兒童事故傷害預防教育種子師資培訓」分組帶隊老師

國立教育廣播電台「親子週記」節目訪談

國立教育廣播電台「教育生活家」節目訪談

電台「親子互動：魏老師時間」節目主持

教育顧問

美國路易斯維爾華文學校　教師

現　職

桃園創新技術學院通識教育中心　助理教授

譯作／出版

《幼兒創造力與藝術》（負責第四章「多元的藝術風采」）。台北：洪葉文化。

蒙特梭利教學錄影帶：日常生活教育腳本編寫。台北：蒙特梭利文化。

蒙特梭利教學錄影帶：感官教育腳本編寫。台北：蒙特梭利文化。

蒙特梭利教學錄影帶：數學教育腳本編寫。台北：蒙特梭利文化。

自序

　　《多元創意教具製作與應用》這本書的出版，主要目的乃在於提供給教育工作者，或家中有小孩的大人們一個完整的、有系統的，且多元化的教具製作理論與實際應用的參考書。書中包含了孩子在成長學習過程中，所應具備與認知學習的八大領域：「日常生活教育、語文、數學、自然與科學、體能與遊戲、藝能、文化，和節慶與特別活動」為架構，來設計教具；其中，也以孩子的個別發展與需要：「技巧型、粗大動作型、操控型、結構型、自我感情表達與流露型，以及自然和生活性」為基礎，來進行教學活動的應用。期盼藉著本書的文字分享與圖片呈現，能夠讓您更清楚地了解到，教具製作與應用的理論面與實際面的運用。

　　書中有關文字部分的實例說明，大多是筆者多年來於國內外學校學習與教學的真實故事，盼望藉著這些舉例能夠讓教育工作者體認到，教育乃是百年樹人的工作，孩子所需要的是大人成熟式和有智慧式的引導與照顧，「寓教於樂」的教學模式與互動方式，也是孩子們所喜愛的。因此，「教具的製作與應用」將會是寓教於樂中的潤滑劑與教學中的催化劑。

　　本書中有關照片部分的提供，除了筆者多年來從國內外的托兒所、公私立幼稚園、幼保主題展覽中蒐集得來之外，大部分是筆者任教於康寧護專、元智大學、中原大學、明新科技大學和蒙特梭利基金會時，學生們在課堂中與上課後所製作的教具。這些教具的製作與應用不僅讓學生體會到教具吸引人的魔力之外，也提升了學生高度的學習興趣。在此，也特別感謝這些學校的聘任與同學們上課時的熱情參與。

　　感謝多位教育界朋友們的支持與鼓勵，由於您們的期許與肯定，讓我以謹慎且鞭策自己的心情來增強書中的內容；許多學生的期待與參與，讓我有股前進的動力來完成這本書的編寫；家人的精神鼓勵與督促，讓我能夠盡心盡力地來寫作。還有，感謝心理出版社對於本書出版事宜的安排與聯絡，皆有助於此書的問世，謹致感謝。

　　筆者在眾人的期盼與鼓勵之下，盡力地完成本書，疏漏在所難免，敬請方家不吝指正，是幸也！

魏麗卿

2005 年 2 月 14 日（西洋情人節）
謹誌於，美國路城

目次
Table of Contents

第 一 章

理 論 篇
Theory

第 一 節　　教具製作的意義與目的

　　教具製作的意義與目的乃在於輔助教師在教學上有更多元化的教材和用具，進而提升孩子的理解、學習能力，並有增進學生的學習動機以及探索的樂趣。教師在引導孩子們製作教具或提供教具給孩子時，應該考量到孩子的個別發展、能力、思考的啟發、學習的探索，以及孩子對於教具的反應等（Joan & Mary, 1993）。

　　因此，教具的製作與提供，並非以成人的喜好和需要為出發點，而是以孩童為中心，並且了解其認知和身、心、靈發展的需要後，方才提供。

　　教具的製作與應用，既然是需要以孩子的學習能力與發展為考量來設計和進行，成人們就應該盡量提供機會與材料，和孩子們一起互動來進行教學；藉著教具的製作與應用過程，孩子們學習到的就不再是單一與零碎的認知概念，而是學習到更多具有完整和有系統的常識與知識了。

　　為了讓教具的製作與運用能夠更充分地發揮作用，使孩子們的學習更有系統，老師的教學引導有明確的目標，在此將專家學者對於適合孩童們學習

的教具型態加以說明和介紹。他們將教具分類為：技巧型或概念型的教具、粗大動作型的教具、操控型的教具、結構型的教具、自我感情表達與流露型的教具、自然和生活型的教具等（Johnson, Christie, & Yawkey, 1987）。這些分別具有不同型態的教具，對於每位孩童皆有不同程度和發展需要上的影響，以下將分別闡述之。

一、技巧型或概念型的教具（skill / concept materials）

　　此類型的教具主要是針對孩子們在發展過程中，應有的基本技巧與概念形成有所幫助。孩子們通常需要練習的技巧，如：眼手協調的訓練、分類、歸納的練習或教導他們數數量等。這類型的教具如：釣魚遊戲、穿珠子練習、拼圖和圖畫書等，通常在操作這些型態的教具時，往往提供較有限度的創造力和另類思考的訓練（Joan & Mary, 1993），但它卻是孩童基本技巧與概念形成的良好輔助品。

　　對於有些成人或家長而言，或許他們會盡其所能、絞盡腦汁地來思考，該提供些什麼教具給家中的小寶貝呢？因為孩子在大人的眼中實在是太小了，無論是年紀、體型等等，孩子需要學習嗎？年紀還那麼小，要學些什麼呢？在此要特別叮嚀與說明的是：孩子們雖小，卻具有強烈與飢渴的成長學習動機！若您無法提供他們在成長過程中，「敏感期」（Chattin-McNichols, 1998）所需的練習與探索時，他們在成長的起跑點上就顯得有些遺憾了，而這般的缺憾是孩子無法自我掌握的，端賴成人們對於其教育的重視與生命的尊重了。因此，老師在課堂的教學中，不妨可以提供這類型的教具給幼兒們，滿足他們成長中的需要，並且讓孩子能夠豐富其學習的天地。

二、粗大動作型的教具（gross motor materials）

粗大動作型的教具是在強調孩童身體四肢粗大肌肉的活動，讓孩子們透過使用這些教具，可以協助他們對於自己身體四肢肌肉能力的探索與練習（Johnson, Christie, Yawkey, 1987）有所體驗和了解；也就是說，孩子們使用這類型的教具，可以藉著它來掌控自己的四肢，練習達成完美的體能活動，並且能幫助孩子們了解到自己四肢運動的體能極限程度。這類型的教具包括：球類、攀爬類、用手來拉的、用腳騎的等等（Joan & Mary, 1993），依著孩子們不同的體能，這些教具若能配合一個具有豐富且適當的環境來進行，將會鼓勵孩子們發揮創造思考的潛能。

或許有人會認為，對於學齡前的孩子，應該是不用太擔心他們的粗大動作發展吧！因為常常可以看到孩子們玩得很開心，跑得也很快，甚至有時跑得太快而跌傷了，也是常有之事！在這種情況下，成人還需要幫助他們發展更好的粗大動作嗎？擔心會不會製造更多的問題出來呢？此外，加以提供相關教具之後，是不是會讓孩子在遊玩時變得較缺乏安全性呢？其實，粗大動作型的訓練與教具提供，對於孩子們而言，不僅可訓練他們的體能，也可培養他們有個健全良好的體魄和人際互動關係，孩子也較容易發揮其頭腦清楚、四肢靈巧的潛力。

對於粗大動作發展的重要性與教具提供的必要性，以下將舉幾個例子來說明之。

曾有一位焦慮的母親述說著因自己工作忙碌，所以請孩子的爺爺奶奶幫忙照顧，由於爺爺奶奶極疼愛這位「金孫」，呵護備至之下，連孩子在家中走路的自然行動，皆由爺爺奶奶「代勞」；也就是說，孩子若要到某個地方，只要一開口說出目的地，爺爺奶奶就會抱著他，並且幫他順利地完成工作。

當孩子的母親帶著小寶貝到幼兒園上學時，卻發現自己的孩子無法像其他孩子用一樣的速度行走，甚至缺乏信心走路。由此例可想而知，走路雖是件看似平凡的事，卻需要成人提供環境與機會讓孩子練習；走路甚至也會影響到孩子的自信心、學習動機和與他人互動的方式。

另一則例子是：有一次，在教導孩子們進行「走線活動」時，教室內除了可以聆聽到輕緩的音樂聲之外，再也聽不到任何聲音了。這種情境和景象應該是所有家長與幼教工作者感到最喜悅的時刻了，因為孩子們可以安靜下來片刻，並且專注於學習「走路」。在帶領著孩子們走線練習時，可以容易地觀察到，有些孩子平日的運動量頗大，但在走線時卻無法保持一定的平穩性，甚至其平穩性低於一般的孩子；反之，有些孩子們的活動量並非特別大，但卻能始終保持高度的平穩性。從這個例子中，我們可以了解到，孩子們的粗大動作發展是全面性的，包括：平衡性、敏捷性、巧緻性、柔軟性、肌力、耐力和瞬發力（林南風，2002）。因此，當我們見到孩子有良好的敏捷性時，是應該高興的，但也需要用心去了解，孩子的粗大動作是否達到全面性的發展。如何得知孩子的發展是否全面呢？此端賴成人是否能夠提供足以刺激孩子發展的教具和設備來練習，並且從中可以運用觀察與測量出孩子們一般的平均標準。

三、操控型的教具（manipulative materials）

操控型的教具可以幫助孩子們在發展的過程中，訓練小肌肉精細動作的發展、基本概念的形成和眼手協調的需要。這類型的教具和材料包括：珠子類、積木類、蠟筆類、黏土類、縫工類、夾子類、剪工類和握筆等等，這些教具可以幫助孩子們建立早期讀寫能力的基礎和認識數概念的發展（Joan & Mary, 1993）。

　　在許多幼兒園或托兒所裡，一定會見到許多以上所提到的操控型的教具，提供這些材料與物品並非為了消磨孩子們的時間，而是有其重要性與意義存在的。尤其是在以蒙特梭利教學法為主的幼兒園，可以見到教室內會提供一系列有系統並且排列整齊的操控型教具，它們被放置於「日常生活區」內，教具呈現的方式和種類是由簡單到複雜，並且常會配合學習的主題以及孩子成長的需要，大多不失其多元性、教學的延伸與變化性。試想，這些「小東西」對孩子們的影響真的有那麼重要嗎？幼年時期的孩子們若缺少這些「小東西」，是否還能有成功的學習生涯呢？現在就和您分享一則真實的故事，或許您也可以從不少孩童身上發現類似的情形。

　　曾經教過一位小學高年級的女學童，她在班上的表現可以說是可圈可點，除了學業成績優異之外（總是在前三名之內），人際關係也頗佳，所以當選班上的模範生，亦是當然之事，父母親也總是以她為榮；但是發現她寫字時，頭部總是近距離地接近桌面，近視也愈來愈有「深度」，並且以握拳方式來握筆，寫字時手腕有習慣性的內彎現象，可真是令人為之憂心。於是就向女學童的母親反應此現象，並且詢問其母親是否在孩子甚幼小時，就讓孩子握筆寫字。母親略面帶靦腆地說：「女兒從很小就開始握筆寫字了，並且總是練習寫自己的名字，常常一寫就寫了好幾頁，家人也就順著她，讓她一直寫字；但最令人擔心的是，她握筆的姿勢總是改不過來，從小就以這種方式握到現在，現在還真需要請老師來幫幫忙，多提醒她一下。」原來，問題的癥結點乃在於孩子幼年時期，學習的過程中罕有操控型的教具提供，因此，孩子的精細動作發展尚未成熟之際，就要握筆寫字，以致孩子無法以三指（大拇指、食指和中指）的方式來握筆，也就只好順著五指抓的方式來握筆了。這一握可真是握住了一輩子也難以改過來的姿勢，並且因握筆姿勢不正確，也讓孩子一雙明亮的眼睛漸漸地模糊了，就是再多的獎狀，也難以換回孩子

那雙明亮且有希望的眼睛！由此可見，此類型的教具在幼兒發展期中，所扮演的角色還真是重要啊！

四、結構型的教具（construction materials）

結構型的教具是指教具或物體可以不同的方式來進行組合或分解，這些教具包括：塊狀類，如小塊狀的木頭、拼鑲木工、巧拼板；堆積類，如紙盒子、圓型紙筒；木工類，如槌子、釘子（可提供木槌或木釘）、廢木片、白膠等（Johnson, Christie, Yawkey, 1987）。這些材料提供給孩子們無限創新和擴展思考空間的可能性，而這些零散的物體常影響著孩子們如何去選取和組合他們的創作，一直到完成作品時，他們才停止工作（Joan & Mary, 1993）。

曾經在教室裡見到一位孩子若有所思，且循序漸進地在組合與建構一個偉大的工作，看他全神專注的模樣與選取材料時的細心，還真是像極一位專業的工程師！最後，他花了約二十分鐘的時間在試著建構與拼建「一部豪華箱型車」。其工作的動機從何而來呢？經過與家長互動談話之後，終於恍然大悟地了解到：原來，孩子的父親想買一部箱型車，除了在家中常討論此事之外，也收到許多廠商寄來的車子廣告單，孩子也就常常在家中看這些車子的照片，並且也會告訴爸爸或媽媽，他喜歡哪一款造型的車子。令人驚歎的是：當教室內預備了結構型的教具時，孩子能發揮其豐富的想像力和潛能，親手建構出他心中所想要的無限可能。

五、自我感情表達與流露型的教具（self-expressive materials）

這類型的教具可以鼓勵孩子們透過戲劇、音樂、藝術等方式，來扮演和表達不同的角色，而這類物品的提供可以包括：洋娃娃、服裝、玩具式的家庭用品、人物造型的偶像、樂器、玩偶等等（Johnson, Christie, Yawkey,

1987）。孩子們可以決定如何使用以上所提供的物品，而這些物品使用的方式，則完全依照孩子們個人的創意、角色，以及對於想像能力的反應來決定了（Joan & Mary, 1993）。

此類型的教具大部分會被陳列在宛如孩子童話世界裡的娃娃區，並且井然有序地排列著，以便於孩子們取拿和歸位。在這個學習區裡，教師可以很容易地觀察到孩子們的社會性行為發展，以及平日的生活情形。有一天，我就在聽到孩子的一段對話之後，立刻恍然大悟，為什麼有位孩子在這幾日內的學習興致不太高，並有口出惡言之舉，頗異於往常的行為。因為在這位孩子使用電話和另一位小朋友假裝通話時，孩子告訴對方：「爸爸和媽媽這幾天都在吵架，而且吵得很兇耶！媽媽哭得很傷心，爸爸也把桌子和椅子都翻過來了！我就躲在房間裡很害怕。」從這個例子中，可以深深地讓我們了解到，原來教室內提供一些自我感情表達與流露型的教具是如此的重要，讓孩子們有機會藉此來自然地表達與抒發內心的想法與感受，在不同的情境與互動之下，任何物品的提供，皆有可能讓他們充分發揮想像力與感情的流露。

六、自然和生活型的教具（natural and everyday objects）

自然和生活型的教具是一些較自然且容易在家中找到的物品，它可以運用在一些較特別的活動與目的上（Johnson, Christie, Yawkey, 1987），當孩子們在決定如何使用這些器具時，端賴他們當時的想像力、創造力和模仿大人的角色來運用。在家中易得到的生活型物品，如：鈕扣、做木工時必須用到的工具、鍋子和盤子等；可運用的自然物品，如：木棒、細枝條、葉片、石頭、泥土、沙、水等（Joan & Mary, 1993）。孩子們可以依其學習需要，選擇不同的工具或材料，來發揮其創造力和思考能力的潛能（Joan & Mary, 1993）。

在幼兒學習的場所裡，教師可以盡量地將自然和生活型的物品或教具，

呈現於孩子的學習環境中。其實，最平凡和最生活化的材料與物品，往往是孩子們成長學習環境中不可缺少的；此外，孩子們也有必要去認識它們並了解其功能與用途。在教室內的「自然科學區」，不妨配合學習的主題來提供這類型的材料或教具，有時配合著一個簡易的放大鏡或一台顯微鏡之類的設備時，孩子們的學習就可以來得更具體了——因為他們可以看得更清楚。在戶外的「沙坑區」，若能提供幾個小水桶、小鏟子、小勺子、水管、塑膠彩球和水之類的生活型物品時，孩子們或許就會開始在沙坑內建構起他們想像的天地了；他們有可能會築起一座四周具有水道的城堡，也有可能會造起一座火山，或是設計出一座游泳池等等。這些活動的呈現，若能加以增添多元的自然和生活類型材料或教具時，學習的成效則可以達到「事半功倍」了。

第 二 節　　適合幼兒早期與學齡前期孩子的教具製作

　　孩子的能力與發展皆會因個別差異、經驗的不同與環境的影響而有所不同，因此，老師在提供教具或引導孩子們製作教具時，應該先了解孩子的個別差異與不同的發展；除此之外，教師應該考慮到教具本身可能被運用到的範圍以及可以增進孩童學習的可能性，如此方能達到教具製作的意義與目的。例如：一個已被清洗乾淨的瓶子，可以用來做什麼呢？幼兒早期的孩子可能把它拿來裝滿物品，再把它倒空；學齡前期的孩子可以將瓶子拿來做數算之用，或是在上方鑽幾個小洞，再裝入滿滿的水，讓它們徐緩地從瓶中流出來；對於小學一年級的學童，則可以將瓶子拿來作為管子的材料，探索出具有「虹吸管」原理現象的實驗（Joan & Mary, 1993）。由此可見，不同年紀與發展的孩子，是需要不同的材料提供與教具的製作，來協助他們成長和學習。嬰幼兒各年齡層階段大致可以分為：新生兒期（出生到一個月）、嬰兒期或乳兒

期（一個月到十二個月）、幼兒早期或學步兒期（十三個月到三歲），以及幼兒期或學齡前期（三歲到六歲）（資料來源：香港偉才國際教育集團廣州公司）。以下所提供的，乃是針對嬰幼兒早期與學齡前期孩子的發展，可以提供適合他們需要的教具與教具製作。

一、嬰兒期與幼兒早期方面

　　嬰幼兒早期的學習，主要是藉著其五種感覺（視覺、聽覺、觸覺、味覺、嗅覺）對於外在社會環境的探索和互動而產生的。他們對於周遭的人、事、物總是感到具有高度興趣，並且也極力地想要獨立去完成自己的工作，所以成人在提供學習教具給他們時，應該非常留意所提供的教具是否適合他們的需要與能力。

　　總而言之，嬰幼兒們所需要的教具，是可以提供給他們用來看的、感覺的、聽的、抓的和移動的等等，並且他們也喜愛這類型的教具（Joan & Mary, 1993）。

二、學齡前期方面

　　幼稚園階段的孩子們對於假裝性的角色扮演（make-believe play）有著與日具增的高度興趣，而這興趣大約在五歲左右是高峰期（Joan & Mary, 1993）。他們的扮演內容常是簡單的，而且是非結構性的遊戲，他們常假裝扮演家庭裡成員的角色，如：爸爸、媽媽、嬰兒等；同時，他們也喜歡假裝扮演家庭以外成員的角色，如：超市裡的收銀員、卡車司機等等。當孩子們在進行假裝性的角色扮演時，也總是會配合一些具有真實性或非真實性的道具和服裝（Joan & Mary, 1993）。

　　幼稚園階段的孩子們所需要的教具是：可以幫助他們在社會性的人際互

動和技巧上有所發展，充分發揮其想像力的、可以增進其精細動作與粗大動作的，以及可以快速增加其字彙能力的，而這些種類的教具提供同時也正是孩子們成長中所需要的（Hughes, 1991）。

當老師們了解到嬰幼兒早期與學齡前期的教具提供，二者有所不同之後，一定也了解到教具製作的應用，其功能不僅可以使教師的教學有如「魔術師」般具有吸引力，亦可以幫助學生在學習的過程中，化抽象的概念為具體的實務操作經驗，進而「恍然大悟」般地理解許多既高深又廣博的宇宙知識，以及地球上的人文、地理、藝術和社會性的人際互動關係。

「教具」於教學中所扮演的角色，常受到許多學者、教師、家長和孩子們的肯定與喜愛。並且，其價值性仍不斷地在加倍增強，論及其存在性，又不斷地在革新之中，以求配合課程的多元化、靈活性、整合性和實用性，以及學生的需要和生活化與國際觀。

三、綜合言之，教具的提供應該是：

● 適合孩子的能力與需要，因為過於簡易或困難的教具，皆會對於孩子的學習有反效果。

● 教具所扮演的角色乃是教學中的催化劑，並且是老師和孩子們之間的教學溝通媒介。

● 教具能夠幫助孩子們在學習過程中，將抽象的人、事、物，以具體化的方式理解之。

● 教具的製作與提供應具有其安全性、教育性、啟發性和吸引力。

● 教具的提供與使用乃是配合學生的學習所需，而非以成人的好惡來決定。

● 對於有些教具的提供，老師可以邀請孩子們一同參與製作，以便進而達到寓教於樂的目的。

- 提供教具時，教師須考慮到孩子們的年齡、使用人數、認知程度、學習目的、教具難易、孤立性和使用時間長短等因素（如表 1-4）。
- 教具的製作與提供，可以配合教學的內容與主題而多元化地呈現，並且盡可能地充滿靈活性、整合性、實用性、生活化，以及符合孩子的需要。
- 教具須具有增進學生的學習動機以及探索樂趣的功能。
- 教具的提供可依孩子個別的需要與發展，配合不同型態的教具來運用（如表 1-3）。

第 三 節　　教具素材百寶箱

　　許多教師或家長常常可以在市面上（如：書店或幼教用品社等），買到一些已經製作完成的教材、教具或半成品等（如表 1-1），而這些教材或教具經常也頗受某些老師或家長的喜愛，因此，當然有其存在的價值與優點。但是，這類型的教具也有其無法涵蓋與不足的部分。

　　以華德福教育為其教學精神的幼稚園，在他們的園所內並沒有購買的現成玩具以及塑膠玩具，因為華德福教育主張使用取材於大自然的玩具，而且大部分的玩具是由教師、家長以及幼兒一起製作（資料來源：華德福課程理論與實務），其理由有二：

1. 人與大自然的關係密切，幼兒應當從接觸大自然中感受自然的奧祕。
2. 大自然裡找到的玩具通常沒有固定的形狀，是屬於低結構的玩具，能使幼兒的想像空間無限拓展。華德福幼稚園玩具還有一項特色便是「簡單」，例如：提供沒有畫上五官的娃娃，讓幼兒有機會隨著他當時的情緒來想像娃娃臉上的表情。

　　因此，在決定是否要自製教具或購買現成的教材與教具時，成人應該以

表 1-1　提供教具材料的商店與可購買得到的物品

商店	主要銷售物品	教學運用
大型綜合賣場	許多 DIY 物品 如：木材類、油漆、零件組	日常生活教育 節慶、特別活動
美術用品社	各種紙類用品、美術相關用具 如：特殊紙類、專業廣告顏料	藝能教育
文具禮品店	各種文具用品、部分美術用具 如：各種筆類、畫圖紙、水彩	日常生活教育
手工藝品店	各種小珠子、線類 如：串珠、串珠線、毛線	藝能教育
五金行	各種五金用品 如：多種類的鐵釘、鐵絲、砂紙	自然科學教育 日常生活教育
菜市場或超市	日常用品、食物 如：垃圾袋、蔬果類、食物類	日常生活教育 文化教育 語文教育
水族館	水族箱、水中植物、各種魚類 如：溫度計、彩色石頭、貝類	藝能教育 自然科學教育 日常生活教育
資源回收站 慈善機構的資源回收站	家中不需要或多餘的物品 如：家電、衣服、紙類、瓶罐類	文化教育 節慶、特別活動 日常生活教育
幼教社	各種教學器材、學校用品 如：文字掛圖、自然科學圖卡、 各種玩具、小布球、拼圖	語文教育 數學教育 自然科學教育
夜市	部分兒童用品、小型玩具 如：恐龍模型、各種筆類、剪刀	藝能教育
便利超商	臨時急用文具用品 如：筆、剪刀、膠水、訂書機	語文教育
十元商店	各式各樣的小物品、常用物品 如：雙面膠帶、小籃子、各種筆類	日常生活教育 文化教育
體育用品社	各種運動時所需物品 如：帽子、運動服、球具、鞋子	體能教育 節慶、特別活動

孩子的需要、能力和發展為優先考量。

一、購買現成教具和教材的優點

● 可以節省教師在預備教學材料時的時間和精力。

● 資源可以很方便地取得，並且也可以很容易地獲得大量的教具或教材。

● 教具與教材在使用後，若發現有耗損或須補充時，可以容易地與商家或供應商訂貨，再度取得替代更新品或相同的物品。

● 教師可以從購買來的教具或教材中，獲得不少的教學靈感，並且可以從中加以變化延伸之後，製作成適合孩子們所需的教具。

● 在教具供應商所提供的目錄表中，教師可以見到許多的教具與教學材料，在選擇或提供教具給孩子們時，可以有較多參考與比較的機會。

二、自製教具和教材的優點

● 教師在教學時，可以密切地配合孩子們的發展與需要來提供，例如，可以依著孩子們不同的年齡、參與人數、時間長短的掌控和理解程度等等來做考量。

● 教師可以依著目前教學進度、單元、主題的需要，提供適合孩子們所需的教具。

● 教學過程中，若有需要統整教學內容時，以自製教具的方式來進行，將可以幫助孩子們達到不錯的學習效果。

● 適當的教具製作，往往能夠發揮教學時的實用功能。

● 讓孩子們親自參與教具的製作，也是孩子成長中的重要一環，因為孩子們可以體驗到「從做中學」的道理。

● 讓孩子們能夠親身體驗到：「我看了，我會忘記；我聽了，我會記不住；

我做了，就永遠不會忘記。」由此可見，邀請孩子們共同製作教具，將有助於他們的學習記憶！

- 教具的製作是一個機會教育，可以讓孩子們了解到如何運用生活環境中的資源，並且進而建立起保護生活資源與保護地球的觀念。

- 教具的製作有時也是一種教學延伸和探索的教學方式。教師可以要求孩子們，將在教室內所學習到的概念與常識「帶回家」，透過親子的互動學習，共同尋找材料或答案，並且將教具或成品展現出來；如此一來，孩子們的學習就自然地與學校教育、家庭教育和社會教育相互結合了。

- 可以使孩子的學習輔助具有高度的彈性，並且能夠依著孩子的需要來增減其學習的深度和廣度。

　　自製教材或教具對於某些老師或家長而言，是既輕鬆又快樂的事情。因為他們不僅可以發揮自己的創意，又可以讓孩子與自己保持良好的互動關係，如此的成就感，唯有歷經其境者，方能感受得到其中的樂趣；對於自製教具或教材感到不勝負荷而頭疼的老師或家長們，希望本書中所提供的訊息、教學運用、教具型態、教學目的與技巧等等，能夠協助您節省許多的時間，並且激起您腦海中的創意與心中的熱情，製作且提供適合孩子們發展所需與能力所及的教具。

第四節　製作技巧與教學運用的分類

　　教具製作的技巧可以協助教師或家長掌握教具或教材完成時的呈現，使教具的製作能夠達到教學時的最大效能。老師或家長在製作教具前，若能很清楚且有系統地配合課程的進度、學生的需要以及了解製作的技巧，工作的

完成將會有「事半功倍」的效果。從表 1-2 中，我們可以很清楚地了解到：
孩子們的成長需要全方位的學習，方能在未來成為一位成熟的全人；而成人
在提供教具或引導孩子們製作教具時，其內容卻是可以配合孩子的學習與發
展而變化，教具呈現的方式與製作技巧更可依孩子的興趣和能力而多元化。
以下所提供的是在一般教學中較常見的教具，以及適合孩子們所需的教具，
並且說明其教具的型態、製作的種類、技巧、方式以及注意事項。

一、日常生活類教具製作與提供的建議事項

- 教師可以邀請學生參與教具製作的討論、構思，以及依孩子的能力，讓他
  們有機會練習文字卡的書寫或描繪（如照片 2-3～2-9）。

- 在製作「生活標語」和「問候語」的海報時，書寫的字跡應力求工整；而
  張貼呈現時，可加以分類和依序排列，以便孩子們對於書寫文字的辨識學
  習。因為，雜亂無章的張貼，不僅讓孩子們無法有正確的學習，而且容易
  降低教學的目的與功能性；對於張貼的位置，亦不宜過高，應盡量以孩子
  的視覺高度為宜。

- 提供手指精細動作的工作，對於幼兒日常生活的訓練是非常重要的一部分，
  此類型的教具，可以參考蒙特梭利教室中的教具和其設計原則（Gettman,
  1987）。

- 教師在提供日常生活教具時，考量到教具本身與使用時的安全性、實用性，
  以及適合孩子的大小與尺寸，是有其必要的。

- 日常生活教具的提供或製作，教師可以配合學習的內容、教學的單元和主
  題的設計來進行。

- 日常生活教具材料的來源，可以從孩子平日生活中容易接觸得到的物品著
  手，加以設計和運用；對於昂貴的器具和易碎材料製成的物品，應該盡量

表 1-2　教具的製作，可以配合不同的學習領域、教學內容，而呈現出具有教育價值和創意的教具

學習領域	內容	技巧或呈現方式
日常生活	● 環境指示牌 ● 生活標語 ● 問候語的學習 ● 生活教具的提供 ● 學校、家庭和社會生活的學習與訓練	● 文字卡 ● 圖卡 ● 照片 ● 文字標語 ● 各國問候語的張貼、錄音帶的自製 ● 日常生活用品的展示
語文	● 寫的預備 ● 讀的預備 ● 聽覺的練習 ● 口語的提升 ● 閱讀的啟發 ● 創意的寫作	● 砂紙板、活動字母板 ● 認字卡、圖卡、配對卡、分類卡、序列卡、拼圖卡、記憶袋 ● 辨別聲音種類的卡帶 ● 創意寫作的呈現 ● 書本的自製 ● 錄音帶的自製
數學	● 量的接觸 ● 數字的認識 ● 幾何與空間的創意組合 ● 邏輯概念的訓練	● 量的遊戲 ● 數棒的長與短 ● 數字卡的認識 ● 進入 一、十、百、千的世界 ● 點、線、面的形成與組合 ● 邏輯概念的思考教學與引導
自然與科學	● 動物的認識 ● 植物的認識 ● 地球環境的體驗 ● 自然力量的感受	● 動物 V.S.文字——拼圖卡的應用 ● 動物「創意造型」 ● 動物的成長與變化 ● 動物三部卡的應用 ● 認識「奇妙的葉子」 ● 種植不同的植物 ● 自製「植物標本」小書 ● 植物「種子」的認識 ● 蔬菜水果「創意造型」 ● 湖、島嶼、峽灣的形成 ● 靜電、光、自然能量的認識與體驗

（續下表）

學習領域	內容	技巧或呈現方式
體能與遊戲	◉ 幼兒體能與遊戲的認識 ◉ 精細動作發展的多元教具 ◉ 粗大動作發展的創意教具 ◉ 遊戲的教具	◉ 跳房子 ◉ 袋鼠跳 ◉ 投竹圈 ◉ 踢毽子 ◉ 協力走 ◉ 蘿蔔蹲 ◉ 爬行前進 ◉ 打保齡球
藝能	◉ 認識樂器 ◉ 舞蹈和律動的展現 ◉ 美術的呈現 ◉ 創意手工藝品 ◉ 戲劇的認識	◉ 樂器的製作 ◉ 創意道具的製作 ◉ 「小畫家」的展現 ◉ 手工藝的傳承 ◉ 戲劇探索與表演
文化	◉ 文化教育的內涵 ◉ 文化的認識 ◉ 認識世界各國 ◉ 民族服裝與多元文化的教學	◉ 地圖、地理位置、地球儀的運用 ◉ 各國國旗、人民的認識 ◉ 各國服裝的體驗與認識
節慶和特別活動	◉ 一午當中的節慶 ◉ 特別活動性質的認識 ◉ 海報功能 ◉ 平面圖的引導	◉ 開學前的準備 ◉ 新生入學 ◉ 親子旅遊 ◉ 平面圖的自製 ◉ 邀請卡、節目單、會場指示牌和海報的製作

避免提供。

二、語文類教具製作與提供的建議事項

◉ 製作「砂紙板字母」或「砂紙板注音符號」時，所選擇與提供的砂紙，其粗細的程度應適當，避免過於粗糙或平滑。因為，提供過於粗糙的砂紙，有可能會傷害到孩子細嫩的皮膚，並且降低教具本身的吸引力；切勿認為，

表 1-3　在製作教具時，可以配合孩子的發展與需要，提供適合孩子學習的教具型態

學習領域	教具型態					
	技巧型或概念型	粗大動作型	操控型	結構型	自我感情表達與流露型	自然和生活型
日常生活	☆☆☆☆☆	☆☆☆	☆☆☆☆☆	☆☆	☆☆☆	☆☆☆☆☆
語文	☆☆	☆☆	☆☆☆☆	☆	☆☆☆☆	☆☆☆☆
數學	☆☆	☆☆	☆☆☆	☆☆☆☆☆	☆	☆☆☆
自然與科學	☆	☆☆	☆☆	☆☆☆☆	☆☆	☆☆☆
體能與遊戲	☆	☆☆☆☆☆	☆☆☆☆	☆☆☆	☆☆☆☆	☆☆☆☆
藝能	☆	☆☆☆☆	☆☆☆	☆☆	☆☆☆☆☆	☆☆☆☆
文化	☆	☆☆	☆	☆	☆☆☆☆	☆☆☆☆
節慶與特別活動	☆	☆☆	☆	☆	☆☆☆☆	☆☆☆☆

愈粗糙的砂紙板愈能刺激孩子的觸覺學習；過於平滑的砂紙則會讓孩子較難於在手部的觸覺反應上，有明顯的學習刺激感覺。

● 若有提供「移動字母盒」時，教師應隨時留意教具的完整性，並可教導孩子們在使用完畢之後，如何將字母依照順序放回盒內。

● 進行語文教學時，教師可以配合教學的主題或課程內容的需要，提供一些相關的圖卡，而其中的圖片應盡量以真實的人、事、物的照片為宜，因此教師可以使用數位相機將實際物體拍攝之後，製作成教學圖卡，使之成為既真實又適合孩子們觀看的圖片。

● 在語文教育的學習領域中，教師可以常鼓勵孩子們將文字、貼畫等學習作品集結成冊，以製作成小書的方式，保留其作品與學習的紀錄。因為孩子們此時期的作品呈現，也值得成為他們一生中可以保留下來的回憶。

● 對於語文類的學習，教師可以依孩子們的發展和能力，提供富有多元化和不同種類的語文教具給孩子們。

● 為了增進和培養幼兒的語文能力，教師不妨提供不同國家的錄影帶、音樂帶、歌曲、圖片或書本等，讓孩子們有機會接觸異國文學。

● 語文類的教具，在配合學習主題與單元內容時，此類教具是可以常常在教室裡的任何學習區內發現得到的，尤其是以「全語言教學」（Goodman, Goodman, & Hood, 1989; Stanek, 1993）為方式的教室裡，更是可見一斑了。對於以其他教學為方式的學習環境裡，語文類的教具常會被擺放在「語文區」內，而此區所呈現出來的環境氣氛，總是充滿著寧靜、溫馨、和諧，且光線充足（戴文青，2000）。

三、數學類教具製作與提供的建議事項

● 在提供或製作數學類的教具時，教師須了解到孩子對於數學的學習，乃是從具體的「量」開始，進而才對「數」有所理解。因此，若過於心急地想要孩子們在還未具有「量」的概念之前，就要讓他們練習「數的加減」算法，還真是難為他們了。因此，對於數學教具的提供，教師應清楚地了解孩子們的經驗與發展後，方才提供適合他們學習與操作的教具。

● 教師在為孩子們準備數學教具時，應提供具有不同難易程度的教具，且教具需有其學習的變化性與延伸性。

● 教具的提供與設計，若能有其系列性與完整性，極有助於孩子們在自然的操作學習中，進入數學的世界。

◎ 教師應該讓孩子們體驗到，數學的「學習過程」的理解與操作，應重於「結果」或「答案」的獲得。

四、自然與科學類教具製作與提供的建議事項

◎ 為了培養孩子們的觀察能力，以及學習如何愛護動物，各園所內大多會提供或飼養小動物。若有此提供，則應注意衛生，且飼養的動物種類應以不會污染學校或居家水源的動物為主；更重要的是，要飼養不會傷害孩子們的動物，並且具有其教學價值之用。

◎ 教學中，若發現孩子懼怕某種動物或昆蟲時，教師應多以鼓勵的方式引導孩子參與活動，並加以說明此動物或昆蟲的特性。但不宜以強迫的方式，要求孩子務必要接觸令其害怕的動物或昆蟲等。

◎ 當種植不同種類的植物時，教師應當讓每位孩子皆有機會和時間去照顧植物和愛護環境。但必須留意的是，某些植物是具有毒性的，應該要避免提供。

◎ 在教學中，當老師在引導孩子們認識動物或植物時，可以運用「動物三部卡」（如彩圖 5-6）或「植物三部卡」的教具來介紹。

◎ 在引導孩子學習或操作有關於電、光、聲音的力量與傳遞時，需顧及孩子們的安全與理解程度，教師在做說明時，應盡量以孩子可以理解的語詞來解說；若有必要時，教師可以引導孩子們一起以小組的方式來示範與討論。

◎ 教師在提供自然與科學類的教具時，應詳細檢查教具是否完整、齊全或有無缺損等等。

◎ 教師在引導孩子們進行自然科學的學習時，應有科學的精神、態度與方法（周淑惠，1998），方能達到有效及正確的學習。

◎ 實驗中若需用到測量時，應以有刻度的量杯、量勺來取得正確的「量」，

或以有刻度的尺來取得正確的「長度」。教師應避免以「目測法」或「大約」的方法來進行教學。

● 教師必須讓孩子們清楚地了解，教室內所提供的自然科學實驗之「使用安全規則」，同時這也可教導孩子們認識到，在探索自然科學的學習時，不同的工作、材料、器皿和設備，皆有其特定的使用方式與功能。

● 自然科學的實驗，有時所需的時間較長，可能需到隔日方可觀察得到結果，亦有可能是數週之後才能見得到，因此對於「實驗對象」的照顧與保存，須提供一個適當的地點，並且教師可以引導孩子們每日做簡易的觀察紀錄。

五、體能與遊戲類教具製作與提供的建議事項

● 教師在指導孩子們參與體能與遊戲活動時，需要注意其安全性，以及孩子的發展與能力所及的體能挑戰。

● 在進行體能與遊戲活動之前，教師須考量場地、時間、參與人數是否恰當；對於孩子們的穿著是否得宜，運動設備、器材與教具是否備妥等事項，均應有所評估與查看。

● 體能與遊戲器材的提供，應多元化並且適合孩子們發展時所需。教師在進行體能與遊戲活動教學時，則應盡量鼓勵孩子們參與，並且勇於接受挑戰和新的學習刺激。

● 教師若發現體能器材或教具有破損時，因盡速加以修補；若無法修補時，則加以「汰損換新」，以確保孩童們使用時的安全。

● 體能或遊戲教具的提供，需顧及孩子們全面性的訓練與發展的需要，包括：平衡性、敏捷性、巧緻性、柔軟性、肌力、耐力和瞬發力。

六、藝能類教具製作與提供的建議事項

- 教師可以將教學主題中的藝能教育，與家庭教育和社會資源相互結合，將會使得此教育的人力資源和物力資源更為豐富、多元化，也更具真實性。

- 教師在藝能教育的引導上，應適當地給予孩子們鼓勵和支持其藝能的表現；在學習過程中，亦應考量孩子們的學習興趣和時間的彈性掌控。

- 教師可以鼓勵孩子們在藝能教學活動中，盡量發揮其創造力、思考力與自然感情的流露。

- 為了讓孩子們的學習導引出更多元化和精彩化，教師在教學過程中，不妨運用一些媒體資源和設備，如：錄影帶、光碟、數位相機、投影片、錄音機或錄影機等設備，將教學呈現得更完整與具體。

七、文化類教具製作與提供的建議事項

- 文化類的教具製作可以依著孩子們的經驗與發展來提供；而使用完畢後的教具，也可以加以分類歸位，以便於下回的取拿。

- 文化教具的提供除了引導孩子們對於自身的中國文化、台灣文化有所認識之外，也可以介紹世界上的其他民族文化讓他們了解。

- 教師在介紹文化教育時，教具的提供除了可以實際的物品來作為教學之外，也可以配合圖畫或文字書來進行。

- 教師在提供或製作文化教具時，須考量到當今世界各國文化的變遷，因此，提供較正確且客觀的訊息給孩子，是有其必要性的。

- 教師也可以利用機會教育來進行文化教學，其教學的內容可來自於每日發生於世界各地的文化活動分享與討論，而這些訊息則可以透過電訊、媒體、雜誌或網站搜尋得到。

- 運用和文化相關的教學媒體（如：錄影帶、光碟、投影片、錄音機或錄影機等）的播出，在播放完畢之後，可以和孩子們共同討論與分享其感想。

八、節慶與特別活動類教具製作與提供的建議事項

- 節慶與特別活動所需的物品（如：邀請卡、節目單、會場指示牌或海報等），可以邀請孩子依其能力一起參與製作，雖然其作品或成果未必精緻無比或完美無缺，但它卻是十分真實與自然的。最重要的是，孩子有機會學習，並且也能成為一位好幫手，協助大人做有意義的事情。
- 孩子對於節慶與特別活動的教具製作參與及協助，將有助於孩子們培養合群、互助的精神，並且能夠發揮其敏銳的觀察能力。

第 五 節　教具設計的重點與方向

　　教具的製作是有其重點和方向的（如表 1-4），因此在製作的時候，若能夠考慮到以下幾個方向，將有助於讓教具更發揮其價值性與師生互動的品質。

一、設定教學目標

　　可以使老師的教學有清楚的方向和目的，並且讓孩子們的學習有明確的指引。

二、確定教具名稱

　　教具名稱的選取與訂定，應力求讓孩子們能夠很容易地了解，並且符合教具本身的功能性、操作方式或與材料相關而命名之，過於抽象或與教具本身無相關的命名，則應避免之。

表 1-4　教具製作與應用流程表

項目	內容
教學目標	
教具名稱	
器具或材料	
參與人數	
適合年齡	
教學所需時間	
趣味學習	
示範教學	
延伸變化之應用	
注意事項	
圖片	

三、準備工作

將分為兩部分：

1. 教學環境或地點的預備（例如：教具的使用，須於室內、戶外或接近有水源之處等）。

2. 孩子對於教具的使用，是否已預備好自身的發展能力和先前經驗（如：二歲的孩子無法參與單腳跳的活動，也就是說，孩子本身尚未預備好此活動所需的發展能力，因此，教師應另外提供其他適合學習的活動）。

四、參與人數的決定

教師對於教學時的人數決定，將會影響教學的品質和師生互動的機會。

五、適合年齡

教師在提供教具給孩子時，孩子年齡的考量是重要的，因為相同年齡的孩子，其發展和能力大多有相似之處；但仍有「變數」，因為部分的孩子有可能因著學習成長環境的不同，其學習的能力與發展會略超前或略緩慢於同年齡的孩子。因此教師在提供教具時，除了考量孩子的年紀之外，更需要用心地了解孩子的能力與發展。

六、教學所需的時間

教師在示範教具時，若能對時間有良好的掌控，將有助於孩子們專注力的持續，並且也能夠提升教學的品質。

七、趣味性或吸引力

教具的提供若能具有趣味性和吸引力，將對於孩子們的學習有莫大的助益和樂趣，但這種吸引力應是具有教育意義和教育性質的，並不只是一味地討好孩子，而呈現出過於花俏、聲音過大等，對於孩子毫無幫助的吸引力。當然，教具有著適當的吸引力，也會在無形之中激發孩子探索和學習的動機。

八、示範教學

教師若能將示範教學的步驟，以列點的方式先行思考並寫下來，將有助於教具示範進行時的流暢性與效果。

九、變化延伸

孩子的學習是多元的，因此為了讓教學更具有全面性，教師在提供教具時，可以增加教具的變化與教材的延伸。

十、注意事項

教學可說是一件愉快的事情，但卻也是一件神聖且疏忽不得的工作，因為孩子每日、每次、每分與每秒的學習，總是只有那麼一次的機會（因為孩子不斷地在成長、變化與學習），教師如何掌握個人教學的魅力並顧及孩子的特別需要，相信寫下教學時該注意的事項，應是最好的方式了。

十一、圖片

若能夠將教學的過程或製作好的教具拍照起來，將有助於教學紀錄的保留，也可以作為下次教學的參考與教學分享之用。

教具的製作與設計，除了需要有重點之外，教師專業的成長與創新更是不可缺少的一個環節。因此，老師如何在孩子的成長中，能夠源源不斷地將訊息傳遞給孩子，並且將知識透過教具，將學習趣味化、生活化，這些皆是身為幼教工作者的我們，需要不斷努力與學習的方向和目標。教師不妨參考以下的資源，來增強教學的成長與自製教具的「創意」和「功力」吧！

◉ 參觀各式各樣的展覽會，如：科學發明展、博覽會……等。

◉ 參觀教具展。

◉ CD、 DVD 、VCD 等資源的運用。

◉ 電腦網站、教學資源的蒐集與參考。

- 工具書、百科全書的參考。
- 善用圖書館資源。
- 教學觀摩的參與。
- 逛街尋求教學靈感,並與現代接軌。
- 有益的電視節目。
- 戶外參觀與教學的體驗。
- 教學研討會的分享與參與。

第 二 章
日常生活教育的
教具製作與應用
Everyday Living

第 一 節　日常生活教具的意義與目的

　　杜威曾說過：「教育即生活」，而這種「生活」乃是一種「改造了的生活」。這種生活是要讓孩子能夠滿足兒童的需要與興趣，並且能夠與時俱進地順應和調整在這宏觀世代裡的節拍。而教育的本質，就是要去了解孩子們的能力與興趣所在，再透過適當的教學引導與教具輔助，讓幼兒對於現今宏觀的社會與生活有所認識和調整適應。因此，「教育與生活」對於幼兒而言，是一種關鍵性的成長和必要性的經驗。

　　對於成人而言，教育可以使平淡的生活增添不少的樂趣，也可以讓我們學習到在忙碌的生活中，應該如何自我生活管理與訓練；對於嬰幼兒與學齡前的孩子們而言，日常生活教育則是其成長過程中所需要的，並且可以藉著特別設計的日常生活教具，提供適合他們發展的一種教育訓練，將有助於孩子們人際關係的建立以及自信心的培養。因此，日常生活教育應該是每一個人在嬰幼兒時期或學齡前時，就需要具有的學習經驗，因為它的教育意義和目的乃在於：幫助孩子們有良好的成長與發展，進而了解如何照顧自己，也

能夠關懷周圍的人、事、物等等。

　　義大利有名的教育家瑪莉亞・蒙特梭利（Maria Montessori, 1870-1952），在她所精心研究創新出來的「蒙特梭利教學法」中，就非常強調「日常生活教育」對於嬰幼兒的發展與成長，有其非常深遠的影響力和重要性。瑪莉亞・蒙特梭利認為，蒙特梭利教學法中的「日常生活教育」可以幫助孩子們培養出成長中所需要的專注力（concentration）、手眼協調（hand-eye coordination）的能力、獨立性（independence）的培養與秩序性（order）的訓練（Gettman, 1987）等。而以上這些特質的培養與訓練的最佳引導時期，就是在於嬰幼兒時期與學齡前之際。因此 ，在其教學法中，可以見到許多訓練嬰幼兒與學齡前孩子們的「日常生活教育」教具，這些教具的設計與提供，不僅具有其吸引力、安全性、實用性與錯誤控制（Gettman, 1987），更可以配合孩子們發展中所需要的訓練，由簡單的操作進入到較複雜的學習，有系統地被準備和提供著。

　　「蒙特梭利教學法」中的「日常生活教育」教具，大多是屬於技巧型、概念型、生活型與操控型的教具（Johnson, Christie, & Yawkey, 1987），因此，除了對於孩子們小肌肉的精細動作發展有不少的幫助之外，同時，也可以培養嬰幼兒與學齡前孩子們對於許多生活上的技巧與概念的形成有所助益。這些教具的提供，除了可以購買得到之外，大人們當然也可以秉持著「蒙特梭利教學法」的精神，自製教具來配合孩子們的發展與學習，並且必要時，也可以加以變化和延伸教具的功能性。在本章裡，將融合「蒙特梭利教學法」裡的日常生活教具製作與提供原則，以及一般嬰幼兒與學齡前的孩子們發展中所需要的教具與學習，如：環境認識的引導、常規養成的訓練、生活禮節的培養、照顧自己的訓練和關心他人的學習等等，加以敘述和說明。

第二節 環境認識引導的教具設計

引導嬰幼兒與學齡前的孩子們對於周圍環境的認識，不僅可以協助他們對於自己所處的生活環境或學習的空間產生安全感與自信心，也可以藉著這個難得的機會，培養他們具有敏銳的觀察能力。因此，教師可以於新學期開始之際，或當孩子們到另一個新環境時，藉著教材的輔助，或是自製空間平面圖的方式，來導引他們對於教室內的學習區域、學校內的各種設施位置、環境中的不同地點名稱等，有所認識與觀察（如照片 2-2～2-7）。

相信孩子們對於環境有所認識與了解之後，一定可以減少許多學習或生活上不必要的困擾，例如：他們可以很容易地找到老師的辦公室、園所內的廚房、在教室內找到想要選擇來「工作」的教具等等。 相反地，若孩子們對於所處的環境不熟悉的話，或許他們活動時的安全性會受到影響（嬰幼兒與學齡前的孩子們在園所內的安全是被視為比學習還重要的），也有可能對於學習的環境感到畏縮或害怕。以下提供兩個例子，就是有關於環境認識的真實寫照。

在一所國外的幼兒園裡曾發生一件這樣的事情，一群幼兒們在戶外空間遊玩時，有一位四歲的幼兒好奇地從學校的籬笆底下鑽了出去，一個人到校園外面去玩耍了。當老師發現他離開園所時，立即神情緊張地把他喚回來，但他卻一副不知危險似地望著老師，並且告訴老師說，他想要到圍牆的另一邊去看看那邊有什麼，所以看到有個小洞就鑽過去看了，結果發現外面有好幾棵樹，樹上好像還有鳥巢耶！從這個例子裡，我們需要了解到，每一位孩子皆有其強烈的好奇心與渴望探索的動機，因此，老師應該如何滿足嬰幼兒與學齡前的孩子們對於環境的探索與好奇，同時又能夠兼顧到園所內提供的

環境是安全的呢？筆者認為，老師們若能於先前做到引導孩子們認識園所內與周圍的環境，並且加以說明園內圍牆的功用，相信除了可以滿足孩子們好奇探索的心之外，也讓孩子們了解到安全的重要性與對環境敏銳觀察的能力培養。在這個例子中，也提醒了園所內的所有工作者們，應該對於孩子們每天所處的學習環境之安全性有所留意，若有破損之處或有可能會影響到孩子們的安全時，則應立即修補或特別處理。

　　另一個例子是，筆者特別拜訪與參觀一家幼兒園的教學環境，希望能夠了解此園的學習環境特色。因為此園的經營者非常用心，除了不斷自我進修之外，且頗願意提供最好的設備與財力於孩子們所學的環境中，因此，這也是驅使本人前往拜訪與觀察的一股驅動力。觀察的過程當中，透過園內一位老師的詳細說明與介紹，的確不難發現到經營者用心的一面，例如：此園將許多國外的名畫懸掛於樓梯間，並且有精緻的裱框，園內也提供了鋼琴教室讓孩子們學習鋼琴，也可以見到不少有關「福祿貝爾」的教具和「蒙特梭利」教學法的教具等等。看著看著，令人好奇的是，見到四周窗戶全是黑色，卻見不到裡頭有什麼的一間教室，筆者直覺地抬起頭來，看到牌子寫的是「太空科學館」，便立即興奮地請老師引領進去瞧瞧裡頭可以見到什麼。當老師打開此空間內的燈光時，筆者可以清楚地見到，天花板上面有如星光閃閃般的小星星和大小不一的行星懸掛在空中，再看看老師的臉和自己時，卻發現身上所有白色的物體，在這間「太空科學館」內，在特殊燈光的投射之下，都變成螢光色了。此時，這位老師告訴我：園內有些孩子很喜歡來這間教室，但卻也有一些孩子不敢來這間教室，甚至回教室時需要經過這裡，他們也會想要繞道而行，因為他們說這間教室暗暗的，會有「怪物」出現。 從這個例子中，我們可以體會得到，幼兒們對於學習環境的認同、熟悉與認識是多麼的重要，成人們用心的提供，若能夠配合有效的教學引導、孩子們的親自參

與製作，相信這樣的環境對於幼兒們而言是更有意義的。或許有些成人會認為，孩子們的作品與創意呈現在園內，是較缺乏「完美性」的；但試想，幼兒教育的目的乃在於以孩子為中心，並且提供其成長與學習時所需的引導，而非以大人的需要來設計與安排的。

環境指示牌的製作

目的：

- 讓孩子熟悉學習的環境。
- 孩子可以清楚、明白校園內各個環境的名稱與範圍，例如：班牌、教室、植物園、動物園、體能攀爬區、廚房、廁所和老師辦公室等等。
- 以指示牌的方式標示區域，讓孩子可以透過文字或圖畫對於日常生活環境有所認識。
- 培養孩子對於周遭環境的敏銳觀察。

材料：

1. 紙板數張（可依製作的需要，自行決定張數）
2. 木板或木條數個（可依需要決定木板的形狀、造型和材質）
3. 木板防護漆與漆刷，或護貝機與護貝紙
4. 懸掛用的鐵條或釘子數個
5. 木槌或鐵鎚一把

製作方式與運用：

1. 教師引導孩子到校園觀察，並與其討論於校園中，見到哪些地方、區域和景物等，並將其記下來。

2. 將記下來的地方與區域加以命名，如：植物園、動物園、體能攀爬區、廚房、廁所、老師辦公室等。

3. 教師可協助孩子們一起決定標示牌的造型與材料，進而再以工整的字跡書寫名稱（依學生的能力與發展而決定，必要時可以由教師來書寫）。

4. 最後，可以依標示牌的材料需要，加以護貝或塗上保護漆。

5. 待其完成且乾燥後，將其鑽孔或穿洞，懸掛或貼置於適當處。

教室平面圖的製作

目的：

● 讓孩子有機會將自己學習的教室和空間做一仔細的觀察和記錄。

● 經由教師的引導與指導，孩子可以學會如何繪製平面圖。

● 培養孩子們對於方向與位置或區域的熟悉和認識。

材料：

1. A3 大小白紙一張（教師可依需要，決定紙張大小）

2. 鉛筆一枝（畫底稿時可以使用）

3. 色筆數枝（可備有黑、紅、黃、藍、綠等不同顏色各一枝，教師也

可以視製作的需要增減彩色筆）

4. 長尺一把（約 30 公分）

5. 橡皮擦一個

6. 護貝機一台

7. 護貝紙一張（可以將完成的平面圖加以護貝保護）

製作方式與運用：

1. 老師可以請孩子們於教室中，仔細觀察和記憶教室中的每個角落、學習區域和位置。

2. 老師引導孩子，將其所見畫於平面圖中，並以互動問答的方式，使用鉛筆將其方位、大小以及區域，以尺規畫並且分割出來。

3. 底稿完成後，可以請孩子們以色筆塗色的方式，將每一區域明顯地標示出來。

4. 將完成的平面圖，懸掛或貼置於教室內，而張貼的位置是適合孩子視覺高度，並且可以明顯看得到之處。

教室區域標示的製作

目的：

● 讓孩子們能夠清楚地知道教室內的各個學習區域和名稱，如：美勞區、積木區、語文區、裝扮區、科學區、益智區等。

● 讓孩子們清楚地了解各個非學習區，但它卻是孩子們在園所中不可不知的地點與位置，如：廁所、廚房、清潔區、餐點區、貯藏區等

等。

◉ 使孩子們對於各個區域的功能與使用規則有所了解與認識,並能夠適當地使用。

材料:

1. 壁報紙數張(教師可以視製作時的需要,決定其大小、形狀以及寬度)

2. 膠帶一捲(當標示牌完成製作之後,可以用來作為黏貼時使用)

3. 色筆數枝(不限固定顏色,但也可以配合學習區域所呈現的色調來決定)

4. 鉛筆數枝(書寫底稿時可以使用)

製作方式與運用:

1. 老師可以與孩子們團討以下的問題,例如:在教室中是否需要區域標示?為什麼?請孩子們觀察教室中,有哪些學習區域和非學習區域?

2. 老師可以將孩子們討論後所說出來的區域名稱,寫在白板上,再示範給孩子們看,如何將這些區域的名稱,工整地用鉛筆書寫在壁報紙上。

3. 老師寫完標語後,孩子可以使用色筆將之創意地描摹一遍,並且也可以在空白處加以彩繪或裝飾。

4. 所有的標示完成後,老師可以引導孩子們將之張貼於適合孩子視覺高度的位置。

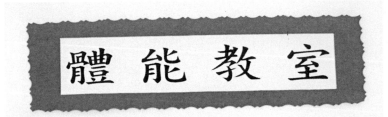

照片 2-1　以「紙工」所製作出來的教室標示

照片 2-2　「鵝班」的班牌上，左側呈現出一隻小鵝，以增加吸引力

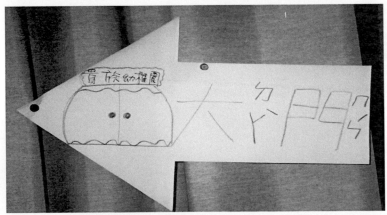

照片 2-3　以箭頭為造型的大門標示
　　　　　（攝於明新科大課堂中）

照片 2-4　圖書館的標示，以書本之造型為設計
　　　　　（攝於明新科大課堂中）

照片 2-7　學習區的標示應清楚，並呈現於適合孩子的視線高度內

照片 2-8　常規也可以創意、有趣的方式呈現於教室中
　　　　　（攝於明新科大課堂中）

照片 2-9 班規的產生，來自於學生們的討論與思考
（攝於明新科大課堂中）

第 三 節 配合常規養成訓練的教具

　　常規教育是幼兒德育中的重要內容，同時也是使幼兒們學會適應集體生活並且具備初步的獨立生活能力，形成良好行為習慣和較好的組織紀律性的重要過程（資料來源：陳維國，幼教論壇）。常規可以分為生活常規和教育常規兩部分，生活常規的目的乃在於培養幼兒良好的生活衛生習慣，在「幼兒園工作規則」中指出，培養幼兒良好的生活衛生習慣是教育和保育的培養目標之一，從培養幼兒良好的習慣，可以讓幼兒終生受益（資料來源：楊寶華，郴州小太陽訓練中心）。

　　當教室內的孩子們在常規中會出現大聲講話，或排隊時常常相互推擠的現象，並且您的教學也常會因為需要管理孩子們的秩序，而無奈地被迫中斷；甚至更糟糕的是，發現自己在教室內的角色與工作，已經不是在負責引導教學，而是花費了大部分的時間在控制孩子們的秩序時，建議您：當務之急乃是先培養孩子們有個良好的生活常規吧！因為教室內混亂的現象與孩子們許多不適當行為的產生，皆來自於教師尚未在教室內建立起一套有效的正常教

室經營與生活上的管理方法與規則。相信最好的常規建立,乃在於孩子們一進入園內開始學習之初,或是幼兒學校開學之後的第一、二週之內實行;實行常規之後,除了可以提升和促進幼兒們的發展之外,更可以讓教師在和諧的環境中進行教學活動。幼兒們對於常規的學習乃是持續不斷的,因此教師仍需要在平日的生活中,多加以觀察和記錄孩子們對於常規實行的效果,與是否有需要改善之處,來加以提醒說明或示範。

對於嬰幼兒與學齡前的孩子們而言,教師在引導孩子們認識與了解常規的活動教學時,可以運用許多種不同的方式來進行,例如:榜樣激勵法、故事引導法、生活體驗欣賞法、行為練習法、遊戲的方法等等(資料來源:楊寶華,郴州小太陽訓練中心);並且配合教具的提供,來達到強化效能和「肯定訓練」(assertive discipline)的效果。

「肯定訓練」又稱為「果斷訓練」,是由美國學者李肯特夫婦(Lee J. Canter, & Marlene Canter)所提出來的。李氏夫婦二人從事教育事業和親職輔導工作已有多年了,他們所提出的「肯定訓練」模式的基本原則乃是強調:「教師有權利教學,同時學生也有權利學習。」以這樣的立場,肯特延伸出一系列的理論方法,最主要的目的還是在於使教師與學生共同得到最佳的教學效果;「其理論的精神,乃在於強調教師的主控權及威信(authority),輔導教師維持其自身的需求,顧及本身的立場,同時又不侵犯到學生的權益」(高玟,1987,第 21-25 頁)。 在班級中,教師最常遇到的干擾是學生的干擾行為,為了維持班上秩序和其他學生學習的權利,教師必須對問題行為有所回應。在問題處理上,肯特認為,教師的回應態度可分為三類:非果斷型(non-assertive style)、敵意型(hostile style)和果斷型(assertive style)。

◉ 非果斷型

非果斷型的教師常是無法讓學生清楚知道他/她想要的是什麼,不接受

的行為有哪些，對於他們所說出的承諾也無法實現。當面對干擾上課的學生時，他們可能會用威脅的方式制止學生，但卻又不會執行他們所開出來的威脅。最後結果常是讓教師失去個人尊嚴，且無助於班級秩序的維持。

◉ 敵意型

此類型的教師在面對學生的問題行為時，用的是一種傷害性的方式回應。或許教師會用諷刺、貶抑的語言教訓學生；更甚者，會用明示的威脅作為阻止學生干擾上課的方式。如此的方法或許可以一時阻止得了學生犯錯，但其反效果也相當大；學生或許一時表面上服從，但這並不能根本改善學生的犯錯行為。

◉ 果斷型

「果斷型的教師面對任何問題時，都能夠果決清楚地與學生進行溝通，明白告訴學生，他們對學生的干擾行為的感覺，並讓學生知道，他們會實施班規上所條列的處分。在設立的常規合理可行的前提之下，這樣的要求反而會使學生有明確的方向可遵循，所收到的效果也會是最好的。」（盧台華，1985，第 30-33 頁）

嬰幼兒期是孩子品格與良好生活習慣形成的關鍵期，若採用「肯定訓練」法的理論與精神，並且配合教師適當的教具製作，相信可以讓孩子們有更清楚和具體的學習。

一、建立積極與正面的師生關係（create positive student-teacher relationships）

對於學齡前階段的教室經營管理，教師若能建立起一個積極而正面的師生互動關係，將有助於孩子們安全感與信任感的產生；而培養班級常規訓練

的第一步，是建立起師生之間相互尊重與信任的關係，教師可以和孩子們討論建立常規的重要性和如何建立常規。

教師可以將平日觀察到且須改善的現象，以數位相機或攝影機將之拍攝留影之後，再播放給孩子們觀賞，共同討論有何改善的方式；而教師需要尊重孩子們的想法，並且也可以對於孩子們的問答反應加以鼓勵或引導。

二、設立班級常規與教師期待（establish rules or expectation）

「肯定訓練」中強調，班規的設立是依據教師的需求，教師必須先提出他／她對班級的期望與要求，但切記，並非因此可以對學生做無理的要求。這種理論的精神，頗能夠讓教師有機會引導學齡前的孩子們，共同建立起教師對於孩子們的期待，而又不失其討論的彈性空間；對於學齡前的幼兒們而言，其認知發展與生活經驗皆尚未成熟之際，教師若能以此種方式來作為互動的教學模式，相信孩子們的學習就會有目標性和高效率。

教師引導孩子們一一說出班級常規時，可以用工整書寫的方式，將常規簡潔且有重點地寫在一長條紙上。當完成此活動教學時，教師可以將孩子們所說的和已經寫成文字呈現出來的常規，張貼於教室內的牆上，或懸掛於教室內適當之處，以便於常規學習的提醒之用（如照片 2-8）。一般而言，當教師有了這種教學呈現之後，孩子們還常常會站在常規之前互相討論與提醒常規的好處，或是哪一個常規是其所想出來的等等話題。

三、記錄不良的行為（track misbehavior）

當教師與孩子們將班規訂定以後，教師與孩子們就必須確切地執行計畫中的承諾。當班規執行之初，孩子們有可能尚未培養出一種良好的習慣而違反班規的規定，此時老師務必要有耐心和有方法地提醒或引導他們，而提醒

的方式除了可以使用口頭語言的方式（verbal language），由老師直接告訴他們之外，也可以藉由同儕之間的互動來達到相互提醒的效果；當然，老師也可以使用非語言的方式（non-verbal language），如：以身作則或親身示範等，讓孩子們更清楚地了解該如何遵守已建立的規定。為了維護班規的權威性與公平性，若有孩子蓄意違規時，教師可以使用「肯定訓練」法中的負向懲罰方式，如：隔離（time-out）、剝奪某項權利（withdrawing a privilege），以及實行系統的正面鼓勵（implement a system of positive consequences）等等。

● 隔離

在「肯定訓練」法中的「隔離」，主要目的乃是要將不守規矩的學生隔離在教室的角落中，讓他／她暫時無法打擾其他學生的上課活動。

這種負向懲罰的方式，也是常被使用於學齡前幼兒的教室內，教師可以在隔離區提供一張特別的椅子，並且也可以配合文字的區域標示製作與呈現。此區應是在教師的視線可及之處，而非隱密處（因顧及孩子們的安全，所有班上孩子們的任何學習或活動範圍，皆須在教師的視力範圍之內）。當孩子違規時，被規定須坐在隔離區時，教師必須讓孩子了解到，他／她是違反了什麼規定而坐在此處，並讓其有自我反省的機會。教師也須留意的是，讓孩子坐在隔離區的時間應該適當，最好以不超過十分鐘為宜。

● 剝奪某項權利

當班規被建立好之後，師生應該一起共同遵行，若孩子有違規並且屢勸不聽時，除了需要特別的引導與輔導溝通之外，必要時也可以採取剝奪其參與某項活動的權利。例如：取消一次到戶外遊戲的機會，或取消其參與某項活動的機會等等，但老師務必要讓孩子了解到其機會被剝奪的原因，甚至可以製作孩子們的個人常規小卡片，以便於記錄和提醒之用。當然，此小卡片可以記錄孩子們的違規次數，也需要有可以記錄良好表現的設計。

● 實行系統的正面鼓勵

　　肯特提出一種記下學生優良表現的方法：就是運用一個瓶子和許多的小石子來做記錄。當教師認為學生的表現良好時，便在玻璃瓶中放入一顆石子；若學生表現不佳時，在瓶中內的小石子便會被取出來。教師與學生們約定承諾，當瓶子裝滿石子的時候給予他們獎賞。

　　在培養嬰幼兒們有個良好的生活常規時，教師若能夠使用此方法來正面鼓勵孩子們的行為，相信一定會有不錯的效果！

班規的製作

目的：

- 培養孩子養成良好的生活習慣和規矩。
- 讓孩子有參與團討的機會和做決定的練習。
- 培養孩子們敏銳的觀察能力與表達能力。
- 讓常規的誕生是經由「民主」的方式而來，而非由教師「獨裁」或「專制」而規定之，這是一種民主學習的過程。

材料：

1. 長條或大張的壁報紙數張（可依需要自行決定）
2. 膠帶一捲（完成後，黏貼時使用）
3. 麥克筆數枝（不限固定顏色）

💡 製作方式與運用：

1. 老師可與全班的孩子們討論以下的話題：在教室中可以做些什麼事情？不可以做些什麼事情？為什麼？

2. 老師將孩子們說出來的規矩，分別端整地以列點的方式書寫在壁報紙上。

3. 老師將所有完成後的「班規」，張貼於教室內適合孩子高度且明顯之處。

第 四 節　配合生活禮節培養的教具

　　嬰幼兒時期是培養孩子們生活禮節的重要時期。教師與家長們都應當教導孩子們無論在家裡或與他人相處時，都應該要有禮貌，讓孩子們見到他人時，就能夠很自然地脫口說出「您好」、「謝謝」、「不客氣」和「請」等；出門的時候，能夠對家裡的人說「我要出去了」，回來的時候也能夠說「我回來了」；用餐時，能夠說「那我吃了」、「我吃飽了」或「真好吃」等等（資料來源：中華親子網，禮節教育）。

　　教師在引導學齡前的孩子們認識生活禮節時，需要以具體的方式，以身作則來示範給孩子們了解，並且也可以藉著實際物品的使用，來幫助孩子們達到真正的學習效果。例如：在教導孩子該如何繞著地毯走，而不影響到其他孩子們的「工作」時，教師就可以提供一張地毯或是兩張地毯，攤平放在地上，實際示範該如何繞著地毯行走（如照片 2-10）；示範完畢之後，教師也請孩子親自練習一遍。當教師在教導孩子如何使用洗手間的方法時，除了可以提供洋娃娃的方式來作為輔助，說明如何穿脫褲子之外，也可以製作「一

雙小手和香皂」的圖卡，張貼在洗手台處，提醒孩子們該記得洗手的動作；除此之外，製作洗手的步驟（濕、搓、沖、捧、擦），將文字和圖片依序張貼於洗手台旁，除了有生活衛生習慣的提醒作用之外，也有學習文字認識的好處喔！

蒙特梭利教學法中，生活禮節的教育內容大致包括如下幾點（Gettman, 1987）：

- 打招呼的方式
- 感謝與道歉的學習
- 開門與關門的練習
- 洗手間的使用方法
- 如何繞著地毯走
- 如何參與和觀看他人的工作
- 如何取拿或傳遞，如：剪刀之類的危險物品
- 用餐禮節的學習

有一則報導中曾提到，韓國非常重視青少年的道德品德教育，因此，在韓國學校中的禮節教育內容，可以包括個人生活禮節、家庭生活禮節、學校生活禮節、社會生活禮節和國家生活禮節（資料來源：北京學前教育網，韓國家長幼教與育兒）：

1. 個人生活禮節：坐、立、走的姿勢；與人談話時的語調、眼神以及臉部表情；接遞物品時的舉止。
2. 家庭生活禮節：對父母長輩、兄弟姊妹、親戚鄰里的禮節。
3. 學校生活禮節：對老師、前輩、同窗的禮節；上學、放學時的見面禮或告別禮。
4. 社會生活禮節：在社會交往中的鞠躬禮、舉手禮、注目禮、對拜禮以及各

種稱謂。

5. 國家生活禮節：對國旗、國歌的禮節等。

　　當教師在教導學齡前的孩子們有關生活禮節教育時，可以依照孩子們的認知、理解與發展程度來逐漸地引導與指導，並且提供機會與場合，讓孩子們有機會練習。在引導教學的過程中，為了配合孩子們的能力與發展需要，教師不妨提供相關的教具來協助孩子們學習，如：不同國家語言的問候語卡片製作或是卡帶的提供；以相機拍攝出孩子們在日常生活中，常使用到的生活禮節（如：鞠躬禮、舉手禮、注目禮、對拜禮等），再將之張貼於學習角落內，或是製作成一本「社會生活禮節」小書，將之陳列於圖書區內，以供孩子們觀看閱讀。教師在引導孩子們學習「個人生活禮節」時，也可以邀請孩子們示範出正確的禮節姿勢，以及不良的姿勢，讓孩子們可以透過實際的示範，而能夠有更深刻的記憶與學習；在教學過程中，老師可以將此兩種姿勢拍攝下來（作為比較之用），再將之做成「認識正確與錯誤的個人生活禮節」小書，孩子們就可以從這本親身經驗學習過的小書中，更清楚地明白何謂適當的個人生活禮節了，並且也具有教學後的「複習」或「提醒」的效果喔！

　　筆者相信，每個人在不同階段與不同年紀，都應該學習日常生活中應該具備的生活禮節；因此，生活禮節教育可謂是始於每個人的嬰幼兒期，而終於生命末了吧！

👉 問候標語的製作 👈

目的：

- 讓孩子熟悉問候語的使用。
- 可以使用本國語言之外，也可以培養孩子的國際觀（以不同國家的語言來學習之），如：日語、法語、西班牙語、德語、英語等。
- 問候標語的內容，可以包括：問候語、問安語、道別語、感謝語、道歉語等。

材料：

1. 長條形壁報紙數張
2. 膠帶一捲（完成後，黏貼時使用）
3. 麥克筆數枝（數種顏色，但建議：相同國家的語言可用相同顏色）

製作方式與運用：

1. 老師可先蒐集不同國家語言的問候語（如：早安、午安、晚安、您好等）的寫法。
2. 老師可以將不同國家的問候語先加以分類，再視孩子的學習能力依序導入。
3. 老師依序以端整的字體，將問候語寫在壁報紙上。
4. 老師將完成的問候語卡片展示給孩子看，並且教導其正確的發音。
5. 練習完畢後，可將此問候語卡片張貼於教室內，近門口且明顯之

處，以便於孩子們學習。

👉 生活標語的製作 👈

💡 目的：

- 豐富孩子的學習環境。
- 增添語文學習的機會。
- 提醒孩子對於日常生活教育的重視。

💡 材料：

1. 壁報紙數張（可視需要決定其大小、顏色、形狀與寬度）
2. 鉛筆數枝（寫底稿之用）
3. 色筆數枝（不限固定顏色）
4. 膠帶一捲（完成後，黏貼時使用）

💡 製作方式與運用：

1. 老師可與孩子們討論以下的問題：在教室中是否需要問候標語？為什麼？需要哪些標語？張貼於何處？
2. 老師和孩子們團討之後，決定要使用的標語，由教師以鉛筆工整地寫在壁報紙上。
3. 老師寫完標語後，孩子們可再以色筆創意描摹一遍，或可加入小插圖。
4. 老師將所有完成後的標語，在孩子充滿喜悅的眼神中張貼完成（應

考慮以孩子之視覺高度為主）。

照片 2-10　教導孩子如何繞過地毯而行
　　　　　（魏麗卿示範）

照片 2-11　舉手禮的打招呼方式
　　　　　（攝於蒙特梭利基金會課堂中）

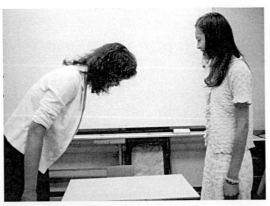

照片 2-12　鞠躬禮的打招呼方式
　　　　　（攝於蒙特梭利基金會課堂中）

照片 2-13　擁抱禮的打招呼方式
（攝於蒙特梭利基金會課堂中）

照片 2-14　安全拿剪刀的方式
　　　　　（魏麗卿示範）

照片 2-15　標語的製作，可依孩子生活或學習的需要
　　　　　　提供
　　　　　（攝於桃園縣中原國小）

第 五 節　訓練照顧自己的教具

　　嬰幼兒「照顧自己的訓練」，其實就是訓練他們能夠具有生活的自理能力。何謂生活自理能力呢？簡單地說，就是寶寶從依賴到獨立的過程；也就是說，寶寶從仰賴成人的幫助，到學習認知照顧自己的食、衣、住、行等歷程。對於孩子們而言，這是他們踏出家庭保護網的第一步（資料來源：育兒生活），並且也是邁向探索周遭世界的開始。當成人在培養孩子的生活自理能力時，應該依著孩子的能力與發展，循序漸進、按部就班地加以示範與引導，成人教導的態度和引導方式，會影響到孩子學習效果與自信心。因此，嚴謹要求、矯枉過正之舉，都是要避免的，因為它會使得孩子們產生挫敗感與焦慮。

　　在蒙特梭利教學法中，有許多教具的提供可以幫助孩子們訓練「如何照

顧自己」。蒙特梭利教具可以向教具製作商購買得到，當然，教師或家長也可以其教學法的精神和訓練目的來自製教具，提供給孩子最適合其發展和需要的訓練。這些教具大致包括如下（Gettman, 1987）：

- 衣飾框（如照片 2-16～2-22）
- 摺方巾（如照片 2-23）
- 如何自己穿脫衣服（如照片 2-25 ⑴～2-25 ⑵）
- 如何自己穿脫鞋子，並且辨識鞋子左右腳擺放的位置（如照片 2-26）
- 洗手的練習
- 練習剪指甲（如照片 2-28）
- 刷牙的練習（如照片 2-29）
- 如何燙衣物
- 如何洗衣物
- 擦鞋子（如照片 2-27）
- 準備食物的練習，如：切（切香蕉）（如照片 2-30）、塗（將果醬塗在土司上面）（如照片 2-31）、削（削蘋果或削紅蘿蔔）（如照片 2-32）和準備食物的量（取拿五粒花生）（如照片 2-33）等的學習。

照片 2-16　精細動作的訓練：魔鬼粘（子母帶）「衣飾框」的練習（魏麗卿示範）

照片 2-17　精細動作的訓練：鈕扣「衣飾框」的練習（魏麗卿示範）

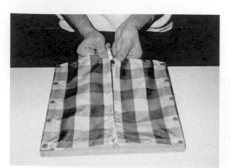

照片 2-18　精細動作的訓練：拉鍊「衣飾框」的練習
（魏麗卿示範）

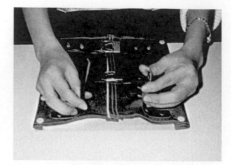

照片 2-19　精細動作的訓練：皮帶「衣飾框」的練習
（魏麗卿示範）

照片 2-20　精細動作的訓練：安全別針「衣飾框」的練習
（魏麗卿示範）

照片 2-21　精細動作的訓練：穿繩綁線「衣飾框」的練習

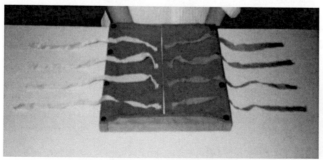

照片 2-22　精細動作的訓練：綁蝴蝶結「衣飾框」的練習
（魏麗卿示範）

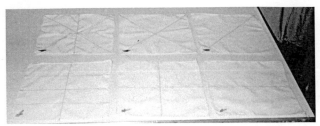

照片 2-23　摺方巾的練習：是精細動作的訓練，也是幾何空間
　　　　　概念的培養

照片 2-24　摺三角巾的練習：是精細動作的訓練，也是幾何空間
　　　　　概念的培養
　　　　　（魏麗卿示範）

照片 2-25 ⑴　穿脫衣服的教導
　　　　　（步驟一）
　　　　　（Lindsey 示範）

照片 2-25 ⑵　穿脫衣服的教導
　　　　　（步驟二）
　　　　　（Lindsey 示範）

照片 2-26 穿鞋時，辨識鞋子正確方向與
位置的方法之一
（魏麗卿示範）

照片 2-27 擦拭皮鞋時所需的器具和用品

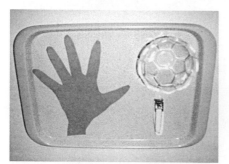

照片 2-28 練習剪指甲的教具提供：真的
指甲剪，與一個紙卡做成的手
指形狀

照片 2-29 練習刷牙的教具提供

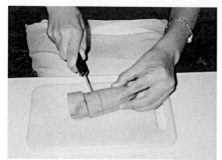

照片 2-30 準備食物的練習：切香蕉
（魏麗卿示範）

照片 2-31 準備食物的練習：在土司上面
塗抹果醬
（魏麗卿示範）

照片 2-32 準備食物的練習：削紅蘿蔔
（魏麗卿示範）

照片 2-33 孩子用餐時，可以配合數字卡
的辨識，來控制食用時的量

第 六 節　關心他人與照顧環境的學習教具

　　二到三歲是嬰幼兒情緒、情感發展的敏感期（資料來源：嬰幼兒的情感培養），此時，情感活動伴隨著他們的生活而存在。因此，在這一時期裡加強情感教育的引導，可以幫助嬰幼兒培養出一個具有健康且積極的情感；同時也培養孩子們在關心他人或照顧環境時，具有自信、信賴、合群、惜物、求美與求知等的優良美德（資料來源：嬰幼兒的情感培養）。對於二到三歲的嬰幼兒，教師與家長都應該注意觀察孩子的情感表露，並且以平靜、同情、理解和信任的態度去引導孩子，使孩子的身心得到健康的發展（資料來源：嬰幼兒的情感培養）。

一、關心他人

　　「情商」EQ（emotional intelligence quotient）也稱為「情緒智商」，它是美國哈佛大學心理系教授丹尼爾‧高曼（Daniel Goleman）在其所出版的書中所提出的，書中提到一個人的成功，其智商的優劣占 20%，情緒智商的優劣

占 80%。因此，父母親要造就一個優秀的孩子，讓他將來事業有成，就要重視情緒智商的培養（資料來源：情商的培養，造就一個優秀的孩子）。何謂「情商」呢？它是能抑制衝動，能夠克制自己、延遲自己馬上要得到滿足的衝動，要能調整自己的情緒，設身處地替別人著想，考慮別人的感受，才能建立良好的人際關係，培養自發的心靈動向（資料來源：情商的培養，造就一個優秀的孩子）。

對於學齡前的孩子，教師與家長又該如何培養他們具有高度的情商呢？當孩子想要一個自己喜愛的玩具時，卻要他們能夠克制自己的欲望，延遲馬上要得到滿足的衝動，並且還要他們設身處地替別人著想，考慮其他孩子們的感受，這種情形可能發生嗎？答案是肯定的！不過，這種情形並非自然形成的，而是需要培養與提供機會讓孩子們練習的。因此，可以結合家庭教育與學校教育的資源，來提升孩子的「情商」。

教師在引導教學時，可以結合家庭資源和幼兒園內的資源，協助孩子們在社交能力方面的發展，讓他們體驗如何過群體的生活、關心其他的小朋友、和別人分享自己所喜愛的物品，甚至可以照顧比自己年紀幼小的孩子。教師可以在每學期開學之始，請每位家長協助孩子準備一件特別的物品，帶到園內來分享。這件物品未必是昂貴的，也未必是稀有的物品，而是在日常生活中經過孩子們觀察而發現到的，它有可能是來自於孩子家裡庭院內的一朵花或是一隻蝸牛；也有可能是和父親一起製作的美勞作品（如：紙飛機、小船等）；或是孩子假日期間和家人到戶外郊遊時，所拍攝的照片；也有孩子因為家中新增添了一位小寶寶，而請母親將小娃兒抱到園內來，和其他小朋友們一起分享喜悅！除此之外，園內若有數個不同年紀的班級，園內也可以訂定一個「幼兒寶物分享日」，讓孩子們有機會分享自己的物品之外，也能夠觀賞到他人特地找尋的物品，這不僅可以提升孩子們互動學習的機會，也培

養孩子們敏銳的觀察能力與自發性的學習動機（資料來源：也談幼兒園素質教育的實施）。

二、照顧環境

教師在教導孩子們如何照顧環境時，可以提供許多具體的設備或物品，讓孩子們能夠有機會實際操作練習；並且，教師也可以依著孩子們不同的年紀、需要與發展，來提供或製作相關的教具。例如：在「照顧環境」中，可以提供「練習掃地」的教具（如彩圖 2-34）的教具，教師準備一個托盤，並在拖盤的中間以膠帶貼成一個正方形，再提供一小碟的摺紙小星星（當然，也可以其他物品替代，如：小珠子、小彩石等）當作垃圾，最後再提供一把小掃把和小畚斗，就可以讓孩子們盡情且專心地練習如何掃地了。你可以見到孩子們井然有序地將小星星輕散在托盤內，再拿起小掃把，試著將分散的小星星（垃圾）集中掃到托盤裡的正方形內，再用小掃把將垃圾裝到小畚斗內，最後將之倒入原來的小碟子內，如此就完成掃地的練習了。

對於一些未經過這些相關經驗訓練或指導的學齡前孩子們，您或許可以常見到孩子們在掃地時，會有無法掃乾淨，或是將地愈掃愈髒的情形。當您仔細觀察他們掃地的方式時，或許您會發現大部分的孩子不知道如何拿掃把掃地，您也有可能發現，他們不知道該如何集中地面上的垃圾於一個相同的位置，或者不知道該如何用小畚斗裝垃圾等等。由此可見，對於學齡前的孩子們而言，提供適當的教具給他們，並且加以示範如何照顧環境，是成人的一項重要工作。

在蒙特梭利教學法中，提到有關「照顧環境」的內容大致包括如下（Gettman, 1987）：

● 如何清除灰塵

- 掃地的練習（如彩圖 2-34）

- 洗刷桌子

- 洗刷物品

- 擦拭鏡子（如照片 2-36）

- 擦拭銅器（如照片 2-37）

- 照顧植物，如：擦葉子、擦花等（如彩圖 2-35）

照片 2-36　照顧環境：練習擦拭鏡子的材料和器具

照片 2-37　照顧環境：練習擦拭銅器的材料和器具

第 三 章
語文教育的
教具製作與應用
Language Arts

第 一 節　語文教育的意義與重要性

　　亞里斯多德曾經感慨地說過：「人是社會性的動物。」而決定人類能夠運用具有社會性，並且使人類與其他動物具有本質區別的根本特點，就是語言能力。一個人如果喪失了某種語言能力（如：不能夠聽與說的聾啞兒），則必然要用其他代償能力作為補償（如：聾啞兒使用手語與外界交流），從而保證他／她具有相應的社會交往能力，能在人類社會中正常生活（資料來源：潘捷、徐冬雪：輕鬆活潑發展語言智能）。

　　由此可見，語言能力也就是包括了人類口語和文字的溝通能力（資料來源：潘捷、徐冬雪：輕鬆活潑發展語言智能），此種能力的產生和發展，對於人類的每一個新生命來說都是至關重要的。

　　在人的生命發展過程當中，語文教育是占有其特殊地位和意義的。蒙特梭利博士就認為，人類語言的獲得是從出生後，由環境中得來的，而嬰幼兒時期，則是孩子語言發展的敏感期，在這個時期裡，成人如果能夠讓孩子們處在良好豐富的語言環境中，並且提供有系統的語文教具給他們，再加上適

當的引導，孩子就可以輕鬆自在地掌握與學習某種語言了。反之，一旦錯過孩子在語言學習與發展上的黃金時期，它將再也不會出現了。

表 3-1　學習敏感期

年齡	敏感期
出生～12 個月	● 秩序敏感期 ● 當周圍環境發生變化時，會覺得不適應
12 個月～15 個月	● 走路敏感期 ● 以孩子的步調走，孩子能夠快樂地走上一大段距離的路
18 個月～36 個月	● 感官和語言的敏感期 ● 從出生提供豐富的語言環境
30 個月～36 個月	● 社會行為敏感期 ● 模仿別人的行為為主
24 個月～48 個月	● 時間、空間敏感期
18 個月～48 個月	● 肌肉協調敏感期

資料來源：大家健康・育兒生活，抓緊寶寶學習敏感期

　　人類的各種能力都有其產生和發展的關鍵期。在語言發展方面：出生到十個月，是嬰幼兒開始理解語意的關鍵期；一歲半左右，是嬰幼兒口頭語言開始發展的關鍵期；五歲半左右，是幼兒掌握語法、理解抽象詞彙，以及綜合語言能力開始形成的關鍵期；七到八歲之前，是人類綜合語言能力產生、發展的重要時期（資料來源：語言智能）。因此，如果在孩子發展的過程中，能夠有系統地、科學地、潛移默化地引導和訓練他們，並且提供機會讓他們有個適合的學習環境，相信幼兒的語言能力將會得到一個理想的發展。

　　哈佛大學心理學教授霍華德・加德納（Howard Gardner）在其所提出的多元智能（multiple intelligence）理論中，將人類的智能分為七種，分別為：語

言智能、音樂智能、數理邏輯智能、空間智能、身體運動智能、內省智能和人際智能等。他將語言智力／能列為第一種智能，因為「語言是最廣泛、最公平地在人類中得到分享的一種智能」（資料來源：發展幼兒語言智力：加德納第一種智力理論）。何謂語言智能呢？它是指讀、寫和語言交流的能力，在人類社會中有四個方面的作用：

1. 口頭運用，也就是說服其他個體從事某項行為的能力。
2. 記憶潛能，幫助記憶信息。
3. 解釋功能，用口頭或書面語言描述、說明和解釋。
4. 解釋自己活動的功能，也就是能夠很好地掌握語言的音韻、句法、語義和實效四要素。

　　幼兒語言智能的發展既然有其關鍵性，也有其重要性，根據兒童學習語言的特點和規律，不少心理學家和教育學家們有以下的建議（資料來源：發展幼兒語言智力：加德納第一種智力理論）：在這些教學引導中若能夠配合適當且具體的教具製作或提供，將可幫助孩子們有個愉快輕鬆的語言學習經驗，並且對於語言的獲得，也可以有更深刻的記憶與正確的運用。

　　有研究指出，語言智能高的人有一個明顯的現象，就是他們對語言的好奇心。他們通常喜歡語言，也會表現出極好的語感和對語言的鑑賞能力。而事實上，出生幾個月的嬰兒就對說話的聲音刺激相當敏感，當親人對他／她說話時，他們常會以微笑或是以手腳活動等做出反應（資料來源：發展幼兒語言智力：加德納第一種智力理論）。語言智能高的幼兒表現出對話音、節奏、語調反應敏感，他們喜愛塗鴉，喜歡聽、讀、說故事，說話清晰有條理。成人若能夠對這些語言智力品質給予關注和引導，便能夠使幼兒保持對於語言的好奇和敏感了（資料來源：發展幼兒語言智力：加德納第一種智力理論）。

在教具製作方面，成人如果能夠配合孩子的發展與能力，提供以下的教具或是和孩子一起製作，相信可以從互動的過程中，學會如何正確地使用語言，並且可以保持幼兒語言的好奇心和對於學習的渴望。

一、話音、節奏、語調方面

和孩子說話時，可以配合節奏或字尾押韻的方式來表達，例如：

- 在用餐前，可以提醒孩子：「飯前洗手，飯後漱口。」
- 當嚐到美食時，則可以說：「Yummy, yummy for my tummy！」
- 說話的聲音應該適當，若發現孩子用大聲尖叫的方式來說話時，必須立即走到他身旁，並且輕聲地告訴他：「我不喜歡你大聲尖叫，請你小聲地說話，因為大聲尖叫的聲音會讓人覺得不舒服，而且也是一種不禮貌的表現！」

二、塗鴉方面

教師可以提供許多不同的材料讓孩子盡情地塗鴉，例如：

- 提供較粗的蠟筆，讓孩子在大張圖畫紙或壁報紙上塗鴉，待他們完成工作之後，就將之張貼在教室的美勞區內。
- 使用不同種顏色的粉筆，讓孩子在戶外的水泥地上塗鴉。教師可以引導他們在一個固定的區域塗鴉，並且可以教導孩子如何拿粉筆在地上塗鴉，還可以教他們畫一些簡單的圖形。
- 有些園所也會在戶外的牆上設計一大片的鏡子，讓孩子在上面做水彩畫的塗鴉。孩子可以使用水彩筆，盡情且充分地發揮屬於他們自己想像的天空；當孩子想要重新再塗鴉時，只要使用微微濕潤的海綿將原來的作品擦抹掉即可。當孩子們的鏡子塗鴉工作完成之後，教師可以請孩子們用清水將鏡

子洗乾淨之後再離開。如此一來，孩子們不僅經歷了快樂的「鏡子塗鴉」，也學習到如何照顧環境，以及使用物品之後該如何保持設備的清潔與物品的歸位等，真是一舉數得啊！

三、聽、讀、寫和說故事方面

在以「全語文」（whole language）教學的環境中，孩子們可以充分地運用已具有的聽、說、讀、寫能力，來學習各個學科中的主題（Stanek, 1993）。除此之外，教師的教學是以幼兒為中心，且以幼兒先前的學習經驗為基礎和導向，來設計課程的主題與內容。所以在「全語文」的幼兒整合主題活動中，「幼兒不僅能夠學習到特定單元的特定訊息之外，也知道如何使用這些資訊來發展，讓未來的學習經驗更有意義」（薛曉華譯，1997，201 頁）。在全語文教學的活動中，教師常會使用一些引導和潛移默化的方式，將主題融入語文學習的互動中，讓孩子們有更多在學習上聽、說、讀、寫的機會。例如：在教室中，可以見到孩子們如何製作一本小書、如何分享其寫作與製作的過程；也可以見到孩子的作品被呈現在教室內的圖書區。在這些活動中，教師若能夠配合教具的提供或師生一起製作語文教具，將會使得孩子的學習更具有真實性和效果。

「語言」是人類與外界溝通的方式，可以用聲音、符號以及肢體動作來表達。語言對於幼兒而言，可以溝通思想、轉述概念，是促進社會性行為的工具；幼兒可以透過與他人言語之溝通所傳遞的訊息及他人的反應，來建立自我的概念；孩子也可以透過語言來表達其情緒，並且反映出個體的認知發展與智力（蔡子瑜、邱奕寬、李德芬，2001）。因此，老師的教學和孩子互動的方式，應力求自然、豐富、多元化、生活化與活潑化，讓孩子對於語言的學習是由淺入深，並從生活環境中能夠潛移默化地吸收。老師進行語文教

育時，教學的範圍與重點可參考下表：

表 3-2　語文教學範圍、內容與教具的提供和製作方向

語文教學範圍	教學內容	教具製作方向
故事	● 生活故事 ● 自然故事 ● 科學故事 ● 歷史故事 ● 愛國故事 ● 民間故事 ● 童話 ● 笑話 ● 寓言 ● 其他	● 視覺——圖書、影帶 ● 聽覺——錄音帶
歌謠	● 兒歌 ● 民歌	● 口唱——獨唱、合唱、清唱 ● 聽覺——歌謠賞析
說話	● 自由交談 ● 自由發表 ● 問答 ● 討論	● 聽覺——對於聲音的辨認、自製語文錄音卡帶 ● 視覺——錄製交談、發表、演講⋯⋯等影帶
閱讀	● 故事歌謠類 ● 圖片畫報類 ● 看圖說故事 ● 教師自編故事 ● 兒童自編故事 ● 師生共編故事	● 觸覺和視覺——圖畫書的製作 ● 視覺——認字卡的製作 ● 聽覺和口說——有聲故事書的自製 ● 砂紙板 ● 捲軸故事的自製

　　語文教具的製作和應用，不妨藉著上帝賜給人類的禮物——五種感官和感覺（視覺、觸覺、聽覺、味覺和嗅覺）的刺激與經驗，再結合完整的語文教學範圍與內容（教育部，1987）來進行教學，以便提升孩子們的語文教育基礎。

第 二 節　配合聽覺訓練的教具

　　聽覺的訓練是孩子邁向穩固讀寫基礎的開始。因此，幫助孩子將發音與熟知的物品連結在一起（魏寶貝譯，2000 年），或是讓孩子熟悉其平日生活中的各種聲音，都可依孩子們的發展與認知，引導他們對於聲音的辨識與訓練：物品撞擊時所發出的聲音、交通工具移動或鳴響時的聲音、各種樂器演奏時所發出的聲音、不同動物所自然發出的聲音、昆蟲所發出的鳴叫聲；大自然界裡，各種現象交互影響所產生的聲音等。聽覺的訓練不僅可以幫助孩子對於各種聲音能夠有敏銳的反應，也是使孩子在語文發展上能有穩固的學習過程，與口語和書寫表達流暢的重要角色。

　　在訓練幼兒或學齡前孩子們的聽覺時，教師若能夠使用一些設備（如：樂器、錄音機）、肢體動作（如：拍手、腳踩節奏）或教具（如：音響鐘、音筒）等，來作為教學上的輔助，將可以使得聽覺的訓練更具有吸引力，孩子也更能夠具體地了解而產生學習上的認知與概念。因此，教師在進行聽覺教學時，不妨參考以下幾個教學活動的點子，並可配合教具、肢體動作或一些簡易的設備來進行（如表 3-3）。

表 3-3　語文教學活動和教具的提供

教學活動	教具提供／肢體動作／設備
朗誦押韻詩	在朗誦過程中，當孩子們只要聽到文中的押韻音時，就立即拍一次手，或是搖晃一下手中的樂器。
「老師說」的遊戲	配合教學的內容（如：認識顏色），教師可以和孩子們共同製作不同顏色的紙卡，並且玩「老師說」的遊戲。
尋找鬧鐘	教師向孩子們說明遊戲的規則後，請孩子們閉上眼睛，再將已設定好的鬧鐘小心地藏放在教室的某個角落。當鬧鐘響時，此時老師可以請全體的孩子們張開眼睛，並且請一位孩子依著聲音來源，去尋找鬧鐘。
呼叫名字，請注意聽！	當教師要請孩子們安靜地排隊，並且等候下一個活動的進行時，不妨使用這個遊戲。教師可以特意使用微弱的聲音，——呼叫孩子們的名子，當孩子聽到自己的名字時，就可以安靜地到隊伍裡排隊等待了；教師也可以運用「發出微弱聲音」與呈現孩子的「名字卡」來配合使用。

☞ 動物聲音的辨別 ☜

💡 目的：

- 培養孩子具有敏銳的「聽覺辨別能力」。
- 讓孩子有機會利用「聽覺」的刺激與經驗來學習。
- 讓孩子有機會藉著錄音機的使用，來自行學習語文。
- 熟悉每一種動物所發出的聲音。

材料與設備：

1. 錄音機一台
2. 錄音帶一捲

製作方式與運用：

1. 老師可安排戶外教學，將動物或孩子家中的寵物所發出的聲音錄下來（如：貓、狗、豬、大象、猴子、獅子、雞啼聲、人說話的聲音、嬰兒哭聲、笑聲等）。
2. 老師可以於課堂中讓孩子仔細聽已錄製完成的帶子，並且一起辨識動物所發出的聲音。
3. 團討時，老師依序將所聽到的動物聲音寫在紙上，並且告訴孩子，以後自己選擇聽這捲錄音帶的時候，可以參考老師所寫下的動物名稱，作為自我訂正之用。
4. 將錄音帶放置於圖書區內，並置於錄音機旁，以便孩子自由選取和使用。

交通工具聲音的辨別

目的：

- 培養孩子對於不同交通工具有敏銳的「聽覺辨識能力」。
- 讓孩子有機會經歷「聽覺」的刺激，並且產生學習上的認知。
- 讓孩子學習如何使用錄音機，並且達到自我探索學習的效果。

- 熟悉每一種交通工具可以發出的聲響。

材料與設備：

1. 錄音機一台
2. 錄音帶一捲

製作方式與運用：

1. 老師可以安排戶外教學，將不同的交通工具所發出的聲音錄下來（如：火車、輪船、汽車、摩托車、喇叭聲、腳踏車、卡車、飛機、救護車、警車等）。
2. 老師可於課堂中，讓孩子仔細聽已錄製完成的帶子內容，並且討論和辨別那些聲音是由何種交通工具所發出來的。
3. 團討時，老師依序將所聽到的交通工具聲音寫在紙上，並且告訴孩子，以後自己選擇聽這捲錄音帶時，可以參考老師所寫下來的交通工具名稱，作為自我訂正之用。
4. 教師可以將錄音帶放置於圖書區內，並置於錄音機旁，以便孩子自由選取和使用。

大自然聲音的辨別

目的：

- 培養孩子對於大自然聲音的聆聽。
- 培養孩子有敏銳的「聽覺辨識能力」。

- 培養孩子對於大自然的喜愛。
- 啟發孩子對於大自然產生好奇與探索的學習動機。

材料與設備：

1. 錄音機一台
2. 錄音帶一捲

製作方式與運用：

1. 老師將各種大自然的聲音錄下來，如：風聲、雨聲、打雷聲、海浪聲等。
2. 老師可以在教室內，讓孩子們仔細聽已經錄製好的各種大自然的聲音，再進一步討論所聽到的聲音是何種聲響。
3. 團討時，老師可以依序將所聽到的大自然聲音寫在紙上，並且告訴孩子，當他們在選擇聽這捲錄音帶時，可以參考老師所寫下來的大自然聲音名稱，作為自我學習與訂正。
4. 最後，教師可以將錄音帶放在圖書區內，並置於錄音機旁，以便孩子們可以自由選取和使用。

☞ 音筒 ☜

目的：

- 培養孩子對於相同強弱程度、材料之聲音的辨別。
- 培養孩子可以利用「聽覺」的刺激與經驗來學習。

● 讓孩子對於所聽到的聲音，進而有語言「命名」的學習機會。

材料：

1. 小石子、米糠、紅豆、沙子、碎蛋殼、西瓜子各少許
2. 有蓋子的小木筒或軟片盒，分成兩組，每組各六個

製作方式與運用：

1. 老師將小石子、米糠、紅豆、沙子、碎蛋殼、西瓜子展示給孩子看，並且告訴孩子這些材料的名稱。
2. 將小石子、米糠、紅豆、沙子、碎蛋殼、西瓜子分別裝於兩組中、每組各六個音筒內。
3. 將兩組中，裝有相同物的音筒底部，做一相同顏色的符號，以便孩子在配對時，可以自行做錯誤訂正。
4. 老師可以引導孩子在分別的兩組中，手搖聽筒，置於近耳朵處，僅透過聽覺找出兩組相同聲音的音筒，將之配對在一起。
5. 配對完成後，老師引導孩子再次手搖聽筒，並且告訴孩子他／她所聽到的是哪一種材料所發出的聲音，如：這是小石子的聲音、這是碎蛋殼的聲音等。

尋找聲音的來源

目的：

● 培養孩子能夠辨別聲音的種類。

- 訓練孩子對於聲音來源的尋找。
- 學習判斷聲音所發出的地點之距離遠近。
- 憑藉著「聽覺」將物品找出來。

材料：

小鬧鐘或發出滴答響的鐘一個

教學方式與運用：

1. 老師向孩子們說明此遊戲的尋找方法和規則。
2. 老師請孩子們將眼睛閉起來後，將滴答響的鐘放置於教室內的某一隱密處。
3. 老師走回孩子面前，請小朋友張開眼睛，仔細聆聽聲音來自何處，並且循著聲音的連續發出，將滴答響的鐘找出來。

第三節　提升口語能力的教具

　　幼兒的語言發展始於出生時對於聲音、語調的注意，所以常有喃語和牙語的出現，此時期為「**發聲期**」（約三、四個月到十二個月）；接著，幼兒有「一字句」的突破，會說出「吃」，表示他想要吃東西，此時期為「**字彙發展期**」（約十到十八個月）；繼續幼兒有「二字句」的進展，能夠表示出「爸──走」，代表他想要爸爸帶他出去走一走，此時期為「**句子發展期**」（約十八個月到三歲）；接著，孩子會有「三字句」組成的「**電報式語句**」；到最後字彙大量增加的「**語言擴展期**」（約三至五、六歲左右）（周淑惠，1999）。因此，在孩子的學習過程中，協助他們把握住敏感期是件刻不容緩

的工作。

　　一般而言，幼稚園階段的孩子具備一些基本的口頭語言（verbal language）能力。雖然孩子們的語言能力會因著他們個人的家庭背景不同、學習經驗有別，而有所差異，但是對於一般幼稚園年紀的孩子們而言，他們大致在口頭語言的發展上，可以有以下的表現（Rief, 2001）：

◎ 可以表達並且說出自己的感受、想法、經驗等等。

◎ 可以口頭告訴他人（verbally communicate），有關個人的需要。

◎ 可以說出簡短的句子。

◎ 能夠提出問題來（如：為什麼？如何？哪裡？）。

◎ 聽完一段話之後，可以重複這段話中的一些片語或是一些簡單的句子。

◎ 能夠和其他孩子溝通。

◎ 對於身體的各部位能夠有所辨識，並且說出其名稱。

◎ 知道大部分的關係字（relationship words）（如：在……之上；在……之下；在……旁邊；在……周圍）。

◎ 對於新的語彙（new words）和重複出現的語句（repetitive patterns），都會感到高度的學習興趣。

　　幼兒與學齡前的孩子對於語言的學習有高度的興趣，並且語言的學習對他們而言，也是發展過程中非常重要的一部分。因此，教師如果可以針對孩子們發展的需要和其能力，提供適合他們學習的語文教具，相信孩子們的學習將會是活潑有趣，又豐富充實的。

一、照片布置與分享

　　教師可以請孩子們準備一張照片帶到園所來，分別請孩子表達出對這張照片的感想及其所代表的意義。當孩子們分享完了之後，老師可以將孩子們

的照片，保持完整性地懸掛在教室內數日，以供孩子們欣賞討論。

二、關係字的學習

　　教師可以提供一張平穩的小桌子，讓孩子們學習關係字的使用。例如：教師可以請孩子爬到桌子底下，並請孩子說出自己目前的位置，孩子就會說：「我現在是在桌子底下。」這個活動可以吸引孩子們高度的興趣，因為孩子們喜歡做一些爬上爬下的活動；並且，這樣的活動也可以讓孩子探索到有關空間之間的相互關係（Norris, 2002）之學習。

三、肢體語言遊戲

　　教師在教導孩子們認識人體各部位的名稱時，可以藉著手部對部位的比劃，說出名稱來，如此的學習方式可以增加學習的趣味性，也可以增強學習的記憶。除此之外，也可以拿一張孩子們喜愛的偶像海報來作為教具使用，教師可以將海報懸掛固定之後，用指揮棒指著其身體的各部位，就可以請孩子們說出其名稱了。當教師發現孩子的發展與能力，已經到達可以書寫文字時，便能讓孩子將部位的名稱書寫在小紙卡上面，最後將之黏貼於偶像海報上的適當位置。

四、口頭與文字接龍

　　營造一個輕鬆活潑又有效率的學習氣氛，相信是每位老師的工作之一。口頭的接龍遊戲往往會讓孩子們為了如何說出一個正確的詞彙或句子，絞盡腦汁，全力以赴，發揮其所能的思考。此時，對於在遊戲中少有發言或有所表達的孩子們而言，必定會有「書到用時方恨少」之慨吧！不過透過這樣的活動，教師仍需要對於這類孩子多加鼓勵，並且讓他們有參與或發言的機會，

因為他們仍然能夠從此遊戲中，學習到許多自己未曾想到過或學習到的語言。同時，教師也可以將孩子們說出來的詞彙，端整地書寫在紙卡上，並且使用小衣夾將之固定在繩子上，就可以讓孩子們在遊戲之後，作為複習或練習之用。如此一來，就可以達到教學與學習上「一舉數得」的功用了！

圖畫書的製作

目的：

- 引導孩子語文的提升。
- 增加孩子的單字量與字彙發展能力。
- 書本製作的學習和經驗。
- 將「圖片」和「語言」結合，進而達到學習語文的目的。
- 讓孩子有機會「看圖說生字」。

材料：

1. 從報紙或雜誌上剪下的數張圖片各一張（如：冰箱、電視機、微波爐、洗衣機、冷氣機或電風扇等）
2. 硬卡紙六張
3. 剪刀一把
4. 膠水一瓶
5. 塑膠環或鐵圈環一個
6. 打洞機一台

製作方式與運用：

1. 老師引導孩子將每張圖片分別正貼於卡紙上。
2. 孩子可以將貼好的圖畫卡，在左上角用打洞機打一個小洞，以便裝上塑膠環或鐵圈環。
3. 老師引導孩子將圖畫卡依序套進塑膠環或鐵圈環內。
4. 老師可以教導孩子，看著圖畫卡說出物品的名稱。
5. 孩子經過老師的引導後，也可以自由選擇此書來「看圖說生字」。
6. 老師也可以視孩子的學習需要增添圖畫卡。

生字書（字彙書）的製作

目的：

- 增進孩子的認字能力。
- 書本製作的學習和經驗。
- 增加孩子的單字量與字彙發展能力。
- 將「文字」和「發音」結合，進而達到學習語文的目的。
- 引導孩子語文的提升。

材料：

1. 硬卡紙七張
2. 筆一枝
3. 膠水一瓶

4. 塑膠環或鐵圈環一個

5. 打洞機一台

製作方式與運用：

1. 依孩子的能力與學習需要，老師示範給孩子看，如何將字彙或生字（如：蘋果、橘子、番茄、西瓜、木瓜、哈密瓜、奇異果等）分別寫在每一張紙卡上。

2. 老師可以引導孩子將寫好的字卡，在左上角用打洞機打一個小洞，以便裝上塑膠環或鐵圈環。

3. 老師引導孩子將生字卡依序套進塑膠環或鐵圈環內。

4. 老師可以教導孩子，看著生字卡練習發音。

5. 孩子經過老師的引導後，可以自由選擇此書來練習認字並發音。

6. 老師可以視孩子的學習需要，增添生字卡。

有聲故事書的製作

目的：

- 鼓勵孩子「自我表達」與「說故事」的機會。

- 引導孩子使用正確的語言。

- 激發孩子的想像力。

- 早期閱讀的開始。

- 增加語言學習的多元性、趣味性和創造性。

💡 **材料：**

1. 筆一枝
2. 紙數張（不限顏色；可依故事長短決定張數）
3. 訂書機一個
4. 錄音機一台
5. 錄音帶一捲

💡 **製作方式與運用：**

1. 老師將孩子告訴老師的故事，用筆寫在紙上。
2. 老師將孩子所使用的故事語言，加以修正與引導，並用正確的表達方式將之寫下來。
3. 老師可以將所有已完成，並且寫下來的句子，依次序排列，並用訂書機裝訂集結成書。
4. 老師將書中的句子從首頁到末頁，朗讀一遍給孩子聽，並且將之用錄音機錄起來。
5. 孩子可以自由選擇此本故事書，並且配合著錄音帶來閱讀自己的「有聲故事書」。

第四節　培養閱讀能力的教具

　　閱讀是有其階段性的，當孩子對「字」有了各種不同的體驗，這些經驗也就可以讓孩子胸有成竹地展開「閱讀」了（蔡子瑜、邱奕寬、李德芬，2001）。當成人在鼓勵孩子們閱讀時，可以先了解一些引導的方式與重點，

然後就可以輕鬆地引導孩子進入閱讀的世界。這些概念包括了：成人以身作則喜歡閱讀、運用不同的閱讀型態、談論閱讀書本的內容、協助孩子選擇適當的讀物、分享閱讀等。

一、以身作則（be a model）

　　家長和教師都應該有個認知，那就是在幼兒成長的過程中，引導他們閱讀或是閱讀給他們聽，是一件很重要的事。閱讀給孩子聽時，成人可以運用圖書館的資源、書店裡的兒童圖書、參觀博物館、公園裡的標示文字，或是遊樂場所裡的文字介紹等，這些都是很好的閱讀材料和內容（Norris, 2000），頗值得讀給孩子聽喔！更重要的是，孩子需要看到成人喜歡閱讀一些書籍、雜誌、報紙、標記、書信或指示說明等等（Norris, 2000）。

二、運用不同的閱讀型態

　　引導孩子們進行閱讀時，可以依著孩子的能力與發展，運用不同的型態來進行，這些閱讀的型態包括：發出聲音地讀出來、分享閱讀與獨立閱讀（Norris, 2000）。

㈠ 發出聲音地讀出來（reading aloud）

　　就是要成人和孩子坐下來一起閱讀，孩子可以看到文字或圖畫，並且也可以清楚地聽到成人的聲音。這是憑著感覺（feeling）來閱讀的，孩子可以對成人說明他／她想選擇哪一本書來閱讀，也可以決定閱讀時間的長短。

㈡ 分享閱讀（shared reading）

　　成人與孩子坐在一起閱讀一本書，可以在閱讀時有不少的互動，例如：請孩子想想看，下一頁故事中，有可能發生何種的情節內容；閱讀時，可以輪流唸出一個句子；或者可以對於書中的圖畫表達感想和看法等等。

㈢ 獨立閱讀（independent reading）

孩子的獨立閱讀階段需要閱讀一些他們已經熟悉的書本，並且所提供的新書也需要有一些明顯清楚的圖片，幫助孩子們閱讀時易於理解書中的內容。孩子在閱讀時，開始可以讀出一些字來，或是一些句子；他們也可以練習說出故事中的內容。

三、談論閱讀書本的內容

當成人想了解孩子在閱讀中，到底學到了什麼，可以透過一些方式來得知，而得知孩子在閱讀中，是否有任何學習上的理解或認知是很重要的，因為它可以作為孩子下一次閱讀時，選擇讀物的參考。如何了解孩子在閱讀中的理解或認知，其方式如下：

1. 當成人或是孩子閱讀完一本書之後，可以請孩子說說看，書中談了些什麼事情（Norris, 2000）。
2. 閱讀完之後，可以請孩子畫圖，並藉此機會發揮其充分的想像力；或是讓孩子將書中的故事，以圖畫的方式再次呈現出來（Norris, 2000）。
3. 可鼓勵孩子針對書中的人物編造另一個故事。

四、協助孩子選擇適當的讀物

對於開始接觸閱讀的孩子而言，成人有必要選擇一本適當的書籍給他們閱讀，且故事的主題必須是孩子感興趣的，內容也應清楚、易懂。至於書本的圖片也必須要能夠配合故事內容，因為這些圖片可以幫助孩子去思考更多的新詞彙（Norris, 2000）。

因此，在提供或製作讀物給孩子時，應該留意幼兒的發展、能力與興趣，以下就針對「分享閱讀」的書本製作要點加以說明，並且提供教具製作時應

考量的方向。

五、分享閱讀與書本的製作

　　在分享閱讀中，教師和學生是共同閱讀一本被放大文字內容的大書（Hundley & Powell, 1999; Button, Johnson, & Furgerson, 1996; McCarrier, Fountas, & Pinnell, 2000）。在教師的小組引導下，孩子們在尚未能夠獨立閱讀之前，就可以藉著分享閱讀的過程來成為一位小讀者。在分享閱讀中，孩子可以從教學的互動中學習到許多的閱讀技巧，而這些技巧的習得，乃在於教師的教學互動技巧掌握，以及是否能夠提供一本適合孩子們作為分享閱讀的書本而定了。如果教師提供的是一本約 A4 大小的小書，那麼，這本書就不適合用在分享閱讀中了，但它卻有可能是一本極適合幼兒個人閱讀的良好讀物。因此，教師可以掌握幾個分享閱讀時的重點與概念，就可以製作出配合主題教學，屬於適用於幼兒分享閱讀中的優良讀物了。在分享閱讀中，孩子往往可以從書本中學習到這些概念，因此在製作一本分享閱讀的書時，若能包括以下這些重點，相信對於幼兒的語言發展會有莫大的幫助，見表 3-4。

表 3-4　分享閱讀中，幼兒閱讀概念的學習與教具製作的重點

幼兒閱讀概念的學習	教具製作的重點
認識書本的封面、側面、背面與正反面	● 製作書本時，一定要有「封面」與「背面」的頁面。其紙質的選用，可以有別於內頁，使用較厚的紙張。 ● 書本的側面，可以寫上書名與作者名字，或是將書名與作者的名字寫在長條標籤紙上，再黏貼於書的側面。
認識書名	● 書名的書寫一定要工整端正，並且呈現在封面的適當位置。
了解書的作者、插圖者與出版社等	● 清楚標示作者與插圖者的姓名（如：作者：×××，插圖者：○○○）。 ● 若無出版社，則可以標示書本製作的地點（如：快樂幼兒園，大象班）。
書的出版時間、年代	● 在書的封面，可以書寫製作完成的時間與年代（如：2004年 8 月）。
知道如何翻閱書本	● 書本製作的紙質，以不易破損為佳。
能夠說出書中的頁次	● 書中的每一頁皆須標上清楚明確的頁次，其呈現的位置可以位於書的中間正下方處、右上角（及左上角）或右下角（及左下角）。
閱讀時能夠知道從左邊看到右邊的文字（適用於英文書寫法或橫向書寫呈現時）	● 在製作書寫文字時，字與字之間、行與行之間的距離須適當，且易於閱讀。
閱讀時，能夠逐字讀出書中的內容	● 書寫內容時，應當盡量求其文字的工整，並且字型大小相同。當然，也可以運用電腦打字的方式，將文字列印出來，以求其呈現時的美觀性和一致性。
能夠辨識「段落」，也就是知道文章中的「分段」	● 對於稍有閱讀能力基礎的孩子，教師可以製作有段落的故事內容讓其閱讀。
能夠分辨標點符號	● 可以先製作一些較常見且簡易之標點符號的書（如：逗號、句點）；再進入到幼兒平日較少用到之標點符號（如：問號、冒號、引號等）的書本。
能夠看著書中的圖畫，表達出其意義	● 書中的圖畫必須呈現清楚，並且和故事內容有相關；教師也可以先蒐集一些照片當作圖畫的部分，再配合照片來書寫故事內容，如此一來，就不容易產生無法找到適當圖片的困擾了。

（續下表）

幼兒閱讀概念的學習	教具製作的重點
能夠發揮想像力，預想到下一頁的故事內容	● 書本內容的製作與圖片的呈現，須考量到其連貫性與一致性；也可以運用前一頁以「問題」的方式來書寫，下一頁則以「答案」的方式來回答。
了解字與字之間的距離關係	● 若用手寫製作書本時，則須特別留意字與字之間的距離，大約為一個小拇指左右的寬度。
能夠辨識大寫與小寫的位置（英文書寫時）	● 若製作英文書本時，則須將大小寫的位置呈現清楚。教師也可以在文字書寫的部分，用鉛筆或另一顏色的筆，先畫出三條橫線出來，以便於書寫大寫和小寫。
能夠辨識文中有相同發音的字	● 當孩子們建立了閱讀的基礎之後，教師可以在故事中增添具有押韻發聲的內容文字。

☞ 實物認字卡 ☜

目的：

- 讓孩子在「認字」的學習過程中，能夠藉著實際的物品來認識「名稱」。
- 幫助孩子連結「物品」和「發音」，進而達到讀與寫的預備。
- 藉著「視覺」和「觸覺」學習認字。

材料：

1. 小湯匙一枝
2. 小碗一個
3. 叉子一把
4. 筷子一雙
5. 盤子一個

6. 塑膠刀子一把

7. 長條卡紙六張

8. 筆一枝

製作方式與運用：

1. 老師將以下物品依序排列好，包括小湯匙、小碗、叉子、筷子、盤子、塑膠刀子。

2. 老師示範給孩子看，在長條卡紙上，分別寫下「小湯匙」、「小碗」、「叉子」、「筷子」、「盤子」、「塑膠刀子」。

3. 老師引導孩子將實物與字卡配對，並告訴其發音。

👉 物品名稱卡 👈

目的：

● 讓孩子在「認字」的學習過程中，能夠藉著實際的物品來認識「名稱」。

● 幫助孩子連結「物品」和「發音」，進而達到讀與寫的預備。

● 製造機會，協助孩子增進大量字彙的能力。

材料：

1. 長條卡紙數張

2. 麥克筆一枝

3. 膠帶一捲

製作方式與運用：

1. 老師在教室中可依情境教學，引導孩子到適當的地方，告訴孩子任何設備或物品的名稱（如：門、黑板、桌子、椅子、粉筆、書架、垃圾筒、衛生紙等），再將其名稱以筆寫在紙卡上。

2. 老師可將完成的文字卡，貼於該物品或設備之上（須配合孩子視覺高度為佳）。

3. 老師可以引導孩子，每天皆有機會練習這些物體的名稱，亦可視孩子學習的需要，增添或減少認字卡。

小讀者認字

目的：

- 培養孩子閱讀的興趣。
- 增進孩子認字的能力。
- 早期閱讀的引導。
- 讓孩子對於文字的學習更具趣味性、創造性和多元性。

材料：

1. 報紙或雜誌數段文章
2. 剪刀一把
3. 膠水一瓶或漿糊一罐
4. 色筆數枝

5. 紙（不限顏色）數張

💡 **製作方式與運用：**

1. 老師選擇報紙或雜誌上面，以較大字體呈現的文章，將其剪下數則，然後貼在紙上。

2. 老師可在紙上的空白處，分別以不同的色筆寫下幾個字，如：我（紅色）、中（黃色）、同（藍色）、她（綠色）等。

3. 孩子可使用**紅**筆將文章中所找到的「我」字，全部圈起來。

4. 孩子可使用**黃**筆將文章中所找到的「中」字，全部圈起來。

5. 孩子可使用**藍**筆將文章中所找到的「同」字，全部圈起來。

6. 孩子可使用**綠**筆將文章中所找到的「她」字，全部圈起來。

7. 如此，孩子便完成此項「閱讀找字」的工作。

第 五 節　　提供為書寫做準備的教具

　　孩子們在不同的年齡階段，會有不同的寫字能力與發展。教師在提供寫字的活動時，需要考慮到孩子們精細動作發展與能力，提供適當的教具和機會讓其練習與操作。在支持幼兒讀寫萌發的幼兒園課室裡，會提供幼兒豐富的讀寫資源，包括環境中的文字、學習區或遊戲角的讀寫材料，以及與讀寫最直接有關的「圖書角」和「寫作角」（黃瑞琴，1997）。孩子們在這樣的環境中有足夠的運用練習資源，可以幫助他們對於讀寫的學習保持高度的興趣和成就感。

　　根據調查，二十四週大的幼兒，90%是處於塗鴉狀態；五歲的幼兒，95%能準確地描摹畫畫，但有 75% 不能以正確的筆順和姿勢穩定地書寫簡單的漢

字；六歲以上的幼兒，基本上能以正確的姿勢和筆順準確地書寫簡單的漢字。因此，寫字是孩子進入小學之後才需做的事情（資料來源：新華網，2004）。但是，在孩子進入小學之前，他們在園所內學習時，教師就可以提供許多有意義的工作，來為他們預備正式寫作之前，做一個良好的準備和練習。依孩子能力的不同和需要，老師可以提供不同種類與程度的寫作方式。它可以包含以下這些活動的練習，例如：利用砂紙板來練習文字的書寫、圖畫字母、將字母放在線上練習其位置與拼字、提供沙盤讓孩子練習書寫（照片3-23）、用毛線縫字等等。

☞ 砂紙板——字母或注音符號練習 ☞

目的：

- 早期寫字的練習。
- 學習並熟悉筆劃。
- 藉著觸覺的練習，加深語言的學習記憶。
- 學習多元化、趣味化。

材料：

1. 硬紙板數張
2. 細砂紙數張
3. 剪刀一把
4. 鉛筆一枝
5. 強力膠一條

💡 製作方式與運用：

1. 老師將字母（注音符號）用鉛筆依序寫在細砂紙背面上。
2. 老師用剪刀沿著鉛筆的輪廓將字母（注音符號）剪下來。
3. 老師將剪下來的字母（注音符號）用強力膠貼在硬紙板上。
4. 老師引導並示範給孩子看，如何於砂紙板上寫字母（注音符號）。
5. 孩子可在老師的引導下，於砂紙板上練習如何書寫字母（注音符號）。
6. 老師將製作完成的砂紙字母卡（砂紙注音符號卡）依次序排列於圖書區，以便孩子選用。

👆 線上字母 👈

💡 目的：

- 認識字母的學習。
- 熟悉字母的上、下位置和前、後次序。
- 字母移動或更改容易，孩子學習不易產生挫折感。

💡 材料：

1. 壁報紙對開一張
2. 尺一把（30公分）
3. 黑色筆一枝
4. 硬卡紙數張

5. 剪刀一把

6. 護貝膠膜數張

7. 鉛筆一枝

💡 **製作方式與運用：**

1. 老師用鉛筆將字母依序寫在硬卡紙上。

2. 老師將寫好的字母，分別用剪刀剪下來，並且護貝，以延長其使用期限。

3. 老師再用黑筆在硬卡紙上畫上數條間隔等距的橫線，完成後即護貝之，以延長其使用期限。

4. 老師示範給孩子看，如何將字母排列，並且放置於正確的位置。

5. 孩子可以自由選擇此工作，進而達到語言的學習。

☞ 移動字母 ☜

💡 **目的：**

- 英文拼字的練習。
- 單字的組合練習。
- 早期寫作的預備。
- 單字的記憶學習。

💡 **材料：**

1. 盒子一個（二十六格）

2. 尺一把（30 公分）

3. 硬卡紙數張

4. 剪刀一把

5. 護貝膠膜數張

6. 鉛筆一枝

💡 製作方式與運用：

1. 老師用鉛筆將字母依序寫在硬卡紙上。

2. 老師將寫好的字母，分別用剪刀剪下來，並且護貝，以延長其使用期限。

3. 老師將製作完成的字母，分別依序放置於每一個盒內（由左至右，由上至下）。

4. 老師示範給孩子看，如何將移動的字母放置於正確的位子，並且排列成單字。

5. 孩子可以自由選擇此工作，並且試著將單字排列出來。

照片 3-1　字彙書的製作

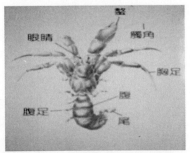

照片 3-2　教學圖片與文字的提供，讓孩子練習說出昆蟲的部位名稱

照片 3-3　自製「大野狼與三隻小豬」的紙卡，便於孩子說故事時使用（元智大學　學生製作）

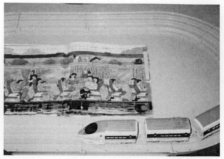

照片 3-4　介紹「火車的歷史」故事時，配合實體的鐵軌與火車模型（康寧護專　學生提供）

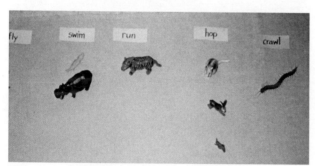

照片 3-6　「動物模型」與「文字卡」的運用（攝於俄亥俄州幼兒園）

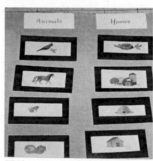

照片 3-7　以文字卡和圖片卡學習「動物」之「居住方式」（攝於俄亥俄州幼兒園）

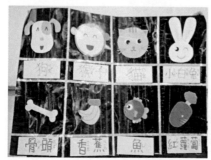

照片 3-8　圖片與文字的配對教具（明新科大　賴秀君製作）

照片 3-10 大字報的製作與呈現，增
進孩子認字、說唱的機會

照片 3-12 ⑴ 以布的材質製作出「教育布
書」的封面
（明新科大　學生製作）

照片 3-12 ⑵ 以布的材質製作出「教育布書」
的內頁，其中呈現出各式各樣、
以布做成的立體圖像
（明新科大　學生製作）

照片 3-14 書中的動物圖片以拼圖方式呈現
（明新科大　學生製作）

照片 3-15　簡易紙卡拼圖，可以讓孩子操作時，體驗到左右正確合併的喜悅與成長
　　　　　（元智大學　學生提供）

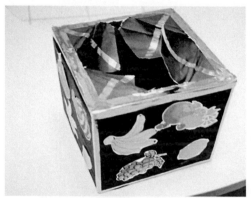

照片 3-16　創意神祕箱的呈現，將會帶給孩子們
　　　　　更多的學習期待與吸引力

照片 3-17　認識水果的教具，以紙卡做成水果與文字的配對
　　　　　（明新科大　學生製作）

照片 3-19　交通工具圖卡與文字的配對教具

照片 3-20　以三個布偶來做英文句子的組合
　　　　　（元智大學　學生製作）

照片 3-23　沙盤的提供，可以讓孩子在沙面
　　　　　上，以輕鬆的方式來練習書寫
　　　　　（攝於 Xavier University 蒙特梭
　　　　　利幼兒園）

第 四 章
數學教育的
　　教具製作與應用
Mathematics

第 一 節　　數學世界知多少？

　　對於有些成人而言，他們對於數學會產生一種焦慮（math anxiety）（Hirsch & Holdren, 1996），而這種焦慮的產生往往來自於其幼年時期，在家中缺乏數學習慣和過程（Hirsch & Holdren, 1996）。這種習慣和過程例如：對於數學的思考、辨別、比較、分類的習慣和操作練習的過程。為了不讓這種數學焦慮繼續存在、擴大，甚至影響到孩子的數學學習，成人可以在孩子的幼年時期，盡量提供大量的機會與材料，讓孩子經驗熟悉的數學習慣和過程（Hirsch & Holdren, 1996）。

　　數學是研究現實世界的空間形式和數量關係的科學。其實，人的生活實踐（食、衣、住、行）中，幾乎都離不開數學，自然界的一切生物，像花朵、蝸牛、蜂巢等，也都包含著數學美（資料來源：無處不在的幼兒數學教育）。所以，教師在引導孩子們進入數學的天地、認識數學時，其實可以運用環境中的許多資源來進行具體的引導，提供適合孩子能力發展的材料，來當作教學的輔助媒介。

　　數學具有抽象性、概念性、邏輯性的特點，根據幼兒的思維特點，幼兒園的數學教育應注重啟發性及生活化，讓孩子在生活和遊戲中感受事物的數量關係，體驗數學的重要和有趣，從而為孩子順利進入小學學習數學奠定良好的基礎（資料來源：無處不在的幼兒數學教育）。因此，成人可以盡量提供機會，引導孩子在日常生活中學習數學、在遊戲中累積數學經驗、在各類活動中融合數學教育內容，以及學習用簡單的數學知識解決實際問題（資料來源：無處不在的幼兒數學教育）。這些活動當然也可以配合數學教材或教具的提供來進行。

一、在日常生活中學習數學

　　幼兒是在各種各樣的活動過程中了解周圍的世界，因此，教師可以在引導孩子區分物體時，以大小、顏色、形狀、空間位置和其他特徵來區分物體，認識周圍世界的基本結構與秩序（資料來源：無處不在的幼兒數學教育）。日常生活中就包含了大量學習數學的機會，教師要善於利用這些教育資源，引導幼兒了解數學與生活的關係，懂得數學在社會生活中的價值（資料來源：無處不在的幼兒數學教育）。例如，可以請孩子數數看：

- 今天穿紅色衣服的人有幾位？
- 回家的途中，看到幾部黃色的車子？
- 教室內有哪些物品是圓形的？
- 從教室門口走到位子上，需要走幾步？

二、在遊戲中累積數學經驗

　　遊戲是幼兒最喜愛的活動，把抽象的數學知識與生動活潑的遊戲緊密結合起來，能夠使幼兒自發地應用數學，獲得有益的經驗（資料來源：無處不

在的幼兒數學教育）。例如，積木遊戲包括空間關係、幾何形體、測量等數學知識，同時又與分類、排序、數量的比較等相聯繫，幼兒在搭建的過程中，在遊戲體驗中能獲得數、形的經驗和知識。玩沙玩水的遊戲，可以讓孩子們藉著用各種形狀的容器盛裝沙和水，感知容量守恆的原理。沙子和水混合後，還可以做成多種的立體模型，使幼兒感受不同的空間形式。在商店遊戲中，幼兒可以學習如何將商品分類擺放，並在買賣過程中學習到數的加減運算（資料來源：無處不在的幼兒數學教育）。

三、在各類活動中融合數學教育內容

　　學齡前孩子的數學教育，在教師的完整規劃設計與設備教具的提供之下，可以融合於其他領域的教學內容中。例如：在體能教學中，教師提供一個海灘球讓孩子們面對面互相傳球給對方，孩子就可以學習到空間、距離和速度大小強弱的概念；在美術教育中，「幼兒早期的藝術體驗，基本上都是二度空間的概念」（魏麗卿等譯，2004，129頁）。例如，拓畫、印畫、描形板、潑泙畫、撕紙畫、剪貼和拼貼等，皆是二度空間藝術的發揮與創作（魏麗卿等譯，2004）；至於數學概念中有關三度空間的美術教育，老師則可以提供結構型的教具讓孩子來組合與建構學習。在科學教育中，教師所提供的各物品，如：量杯、溫度計、顯微鏡、放大鏡、三稜鏡等，都可以讓孩子體驗到科學中的許多概念與現象，是可以用數學的概念來表達的。

四、學習用簡單的數學知識解決實際問題

　　成人可以從幼兒實際生活的現實情境裡，引導幼兒運用數學知識來解決簡單的實際問題，增強幼兒的數學意識和學習數學的信心（資料來源：無處不在的幼兒數學教育）。例如：點名時，教師可以依著孩子的能力，請他們

幫忙數算班上孩子的出席人數；為了讓孩子們對於飲食有均衡的概念，教師可以製作一圖表，和孩子們一起統計和記錄每日的飲食紀錄，例如：今天已經吃過水果的小朋友有幾位？有吃蛋或喝牛奶的有幾位？吃蔬菜的有幾位？經過統計之後，教師可以將人數用直條圖、橫條圖或圓形圖將之量化呈現出來，懸掛在教室內供孩子們參考，並且也可以鼓勵孩子們養成均衡的飲食習慣。

美國數學教師協會（National Council for Teachers of Mathematics, NCTM）曾提出數學的本質是解決問題、溝通、推理和聯繫（周淑惠，1999）。因此，老師在數學教育中所扮演的角色、教學策略和教具製作應是力求：**生活化**（如：出缺席人數點算、所食餅乾的形狀）、**遊戲化**（如：擲骰子數點數、操作各種量的變化、數與量的配對）、**解題化**（如：老師引發孩子的擴散思考，提問「為什麼？」「怎麼做？」「還有什麼方法呢？」）、**具體化**（如：將抽象的平面幾何圖或幾何學立體概念，以具體的實物或教具，讓孩子有實際的操作經驗和活動）和**多樣化**〔如：將數學教具融入體能活動中的唱數、計數、空間概念（跑上、跳下）、動作跳（向前跑六步、拍三下）等〕（周淑惠，1999）。

幼兒數學教育應該是幼兒在教師或成人的指導下（直接指導或間接影響），透過他們自身的活動，對客觀世界的數量關係以及空間關係（包括：數、量、形狀、時間、空間等幾方面），進行感知、觀察、操作、發現並主動探索的過程，是幼兒發展思維能力的過程（資料來源：為幼兒的數學學習做好經驗準備，2002）。國外的幼兒數學研究發現，學齡前期有四種經驗對於幼兒的數學思維有著不可忽視的作用，分別為（資料來源：為幼兒的數學學習做好經驗準備，2002）：

1. 「連續量」與「非連續量」材料的經驗。

| 表 4-1 | 幼兒數概念相關發展 |

年齡	相關發展
出生至八個月	● 吸吮拇指或尋找奶嘴慰藉自己。 ● 眼光會追隨緩慢移動的物體。 ● 會伸手抓拿玩具。 ● 會尋找掉落的玩具。 ● 會從各個角度辨認物體，如果看見東西被藏到毯子底下，會去把它找出來。
八至十八個月	● 會嘗試堆積木。 ● 在孩子的面前將玩具藏在三塊布其中一塊的下方，他會找到玩具的正確位置。 ● 渴望玩某個玩具時，會到處去尋找。 ● 當球滾進沙發下方，並由另一端滾出來時，會懂得繞到另一端去撿。
十八個月至三歲	● 在袋子內放入三樣物體，其中之一是孩子十分熟悉的。孩子只要用手觸摸，就可以找出該樣熟悉的物體。 ● 會使用昨天、明天等時間性的語詞。 ● 在場的孩子中若少了一人，他會知道是誰不見了。 ● 會常說「我自己來」，以證明自己可以獨立自主。
三至五歲	● 幼兒的認知能力還在繼續發展，逐漸能夠將具體的物體、行動及事件，以抽象的方式表達。但是，思考方式仍受到自我中心的影響，常有見樹不見林的情形。 ● 此階段的幼兒很容易只注意到事物摸得著、看得到的部分。 ● 在推理方面，幼兒仍存在擬人化的特質，以為沒有生命的物體也具有生命的特質。推理能力方面會隨著時間的增長，而愈具有邏輯概念。

資料來源：幼兒數概念相關發展
http://content.edu.tw/vocation/child_care/ks_sd/Media/Chap5/math.htm

表 4-2 數學概念的教學內容，依幼兒不同年齡與能力，提供不同的學習內容

年齡	數	量	幾何圖形	空間	邏輯推理
三至四歲	● 數數（兩個一數） ● 唱數（順唱、倒唱） ● 經驗日常生活中使用的數字 ● 對應概念（3 以內的對應） ● 比較概念（2 以內的比較）	● 比較量的大小、快慢、多少、高矮 ● 時間概念的分辨（上午、中午、下午） ● 觀察時鐘與指針的移動情形 ● 1/2（一半）的概念	● 認識圓形、正方形和三角形的名稱與基本形狀	● 內、外 ● 上、下	● 分類 ● 簡易的配對（物體或圖片） ● 認識「部分」與「全部」的概念
四至五歲	● 1~10 集合的指認 ● 數字與數量的連結 ● 金錢概念：1 元、5 元的認識 ● 對應（5 以內） ● 1~5 的比較 ● 分類（分成三類）	● 簡易序列 ● 比較 ● 比較量的快慢、粗細、寬窄 ● 時間概念（3、6、9、12 整點鐘的認識）	● 認識幾何圖形（如：正五邊形、正六邊形） ● 認識立方體（如：圓柱體、立方體、長方體）	● 前、後	● 配對 ● 相加分類 ● 相減分類
五至六歲	● 金錢概念：1 元、5 元、10 元的認識 ● 10 以內數的分解與合成 ● 對應（10 以內） ● 1~30 的數數、唱數或點數 ● 數字 0 與零的概念	● 序列 ● 辨識日常生活的單位量 ● 比較量（沉與浮的概念） ● 時間的小時概念 ● 1/4（四等分的概念）	● 認識幾何圖形的部分與全部的概念 ● 各種不同形狀圖形的組合與分解	● 遠、近 ● 上、下	● 部分與全部的概念

參考資料：幼兒數概念相關發展

http://content.edu.tw/vocation/child_care/ks_sd/Media/Chap5/math.htm

2. 空間、形狀和尺寸的經驗。

3. 容量、配對與測量的經驗。

4. 語言和符號的經驗。

　　教師如果能夠提供與這四種經驗相關的材料、教具、設備或器材等，對於孩子的數學能力發展，將會有莫大的助益。

第 二 節　　有關「量」的教具

一、「連續量」與「非連續量」材料的經驗

　　「連續量」的材料是指那些不可數的材料，如：水、沙、麵粉、鹽等（資料來源：為幼兒的數學學習做好經驗準備，2002）。當教師在戶外的沙坑區裡，提供一些盛水器皿和水時，你就會發現，孩子會在遊戲中用器皿裝著水或沙，再將其倒出來。如此的動作，就是孩子在遊玩中經歷一種連續量的體驗（因為沙是連續性的量，它會自行匯集在一起）。

　　「不連續量」的材料是指那些可以被排列、計數的材料，如：珠子、積木、鈕扣、車子等（資料來源：為幼兒的數學學習做好經驗準備，2002）。教師可以在積木區提供許多大小形狀不同的積木，這些積木可以是以木頭做成的，也可以是塑膠製的或是類似紙做成的磚塊。當孩子見到這些材料時，他們會有一股探索的動機與想操作的生物性本能，因此，他們會想將積木堆高或是排列出不同的造型；在做的過程中，當積木掉落在地面或倒塌時，孩子就感受到一股「不連續量」的經驗了。

二、量的對應經驗

　　量的接觸，可以幫助孩子在學習數學的過程中，先培養基本的量經驗和

實際操作的機會，它可以讓孩子對於數學抽象的概念，轉化為具體的體驗與認知。「量的對應」概念，也可以說是「量的對應配對」，也是數學裡「一等於一」的概念。對於學齡前的幼兒們，教師可以提供以下這些材料、教具或活動，讓孩子來練習量的對應：

- 帶插座圓柱體的練習（此為蒙特梭利教學法中的感覺教具之一）。
- 色板（I）（II）的顏色配對（可參考蒙特梭利教具）（岩田陽子原著，1998）。家長與教師也可以依其教學精神，用白色紙板塗上顏色來自行製作教具。
- 教師可以提供成雙成對的不同物體，讓孩子練習配對的工作，如：一雙小襪子、一雙小手套、一雙筷子、兩頂相同顏色與大小的帽子等。其主要目的就是要讓孩子們有機會練習配對和對應的概念。
- 當孩子對於實際物體的對應已有概念時，教師就可以將對應的活動，提升為紙上的平面練習了，如：連連看，找出相同的數字或圖片等。

量的對應：一對一的對應

目的：

- 學習「一對一的對應」概念。
- 「計數」的練習。
- 將數學的學習「具體化」、「遊戲化」和「多樣化」。
- 孩子有機會經驗「量」的變化。
- 增強「數算」的能力。

材料：

1. 硬紙板一張
2. 打洞機一台
3. 鈕扣十個
4. 盒子一個
5. 托盤一個
6. 護貝膠膜一張

製作方式與運用：

1. 老師將一圓形硬紙板，加以護貝（以延長其使用期限），並且置於托盤內。
2. 老師蒐集相同大小與顏色的鈕扣十個，將之放於盒內，並且置於托盤中。
3. 老師沿著硬紙板的周圍，用打洞機以保持等距的方式打十個小洞。老師示範給孩子看，如何將鈕扣與紙卡的圓洞相互配對。
4. 完成示範後，老師將鈕扣與紙卡放回教具架上。
5. 老師可以鼓勵孩子，自由選擇此教具來工作。

數字卡與籌碼（量）：數與量的關係

目的：

● 「數」與「量」的認識和結合。

- 「計數」的練習。
- 「唱數」的配合。
- 讓孩子有機會經驗「量」的變化。
- 「數字關係」的認識。
- 將「數」的抽象學習轉化為具體的操作。
- 將數學的學習「具體化」和「多樣化」。
- 增強「數算」的能力。

材料：

1. 硬卡紙十張（約 6×6 公分）
2. 黑筆一枝
3. 籌碼五十五個（黑色象棋）
4. 托盤一個
5. 小盒子一個

製作方式與運用：

1. 老師分別在十張硬卡紙上，用黑筆寫下數字 1……10。完成後，置於托盤內。

2. 老師將五十五個作為籌碼的黑色象棋放入小盒子內。完成後，置於托盤內另一側。

3. 老師引導孩子到適當的地方，為孩子示範如何使用此教具。

4. 老師依序將數字卡排列在桌上，並說出數字。

5. 接著，老師將一個籌碼放置於數字卡 1 的下方；將兩個籌碼，放置於數字卡 2 的下方；將三個籌碼，放置於數字卡 3 的下方……依序

到將十個籌碼放置於數字卡 10 的下方。

6. 老師示範放置每一個籌碼時，可說出籌碼的量。

7. 完成時，老師可將數字卡與籌碼放回盒內與托盤中，並歸位。

8. 在老師示範此教具後，可讓孩子有機會自由選擇並操作練習。

第 三 節　有關「數」的教具

數概念教育的重點乃在於讓幼兒喜歡數學，覺得數學是既有趣又好玩的，透過日常生活中的素材，讓幼兒從具體的方式中操作、思考，了解其中的邏輯關係（資料來源：幼兒數概念相關發展）。數的認識，在幼兒的數學學習過程中，是不可缺少且又十分重要的一環。然而，對於幼兒而言，若在學習「數」之前，無任何對於「量」的操作經驗，數只不過是一群抽象的「符號」罷了！因此，在進入「數」的世界之前，孩子應該要有機會接觸「量」的經驗。

「數」是一種抽象的觀念，也是一群符號。「數」對兒童及一般人來說，就是 1、2、3、4……也就是所謂的「自然數」；「量」則是具體的事實，是對既定的目標實測的結果，例如：「還有兩天是我的生日」。我們經常利用「數」來說明「量」，它們雖是兩個完全不同的觀念，但卻是分不開的（資料來源：幼兒量的概念）。

「數」的觀念中，有一個很重要的性質稱為「次序」，這個排列方式是在人與人之間自然發展出來的約定，而 1、2、3、4……這個次序成立，是因為都相差「1」，這就衍生出了「量」的問題，利用「計量」的經驗來增強「數」的概念建立，對孩子的學習效果更佳（資料來源：幼兒量的概念）。

幼兒對於「數」與「量」的概念形成，是隨著心智的發展與成人的引導

而逐步建立起來的，其中需要經過不斷地探索、操作、思考、練習、辨識等過程，來達到認知的學習。因此，教師在引導孩子們認識數的時候，需要先對孩子的個別發展能力與經驗有所了解，然後再提供適合他們學習的方式。數的學習若能藉著輔助教材或教具的引導，並且配合其他感官（如：觸覺、視覺和聽覺）來加以學習，相信「數的認識」將不會是一件難事了。因此，感官教育可以說是幼兒學習數的預備教育，幼兒透過感覺教具中的「配對」練習，可以學習到如何辨別物體的「相同性」；從「序列」的教學活動中，則是讓孩子從教具的操作中，學習辨別物體在量方面的「等級性」；在「分類」的教具學習活動中，則提供了機會讓孩子們辨別物體在質方面的「相似性」（魏麗卿，1995）。

☞ 砂紙數字板：練習寫數字 ☞

目的：

- 孩子可以利用觸覺的描摹，學習如何寫數字。
- 認識數字的筆劃與順序。
- 將數字的學習簡單化。
- 加深孩子對於數字的記憶。

材料：

1. 硬紙板十張
2. 細砂紙數張
3. 剪刀一把

4. 鉛筆一枝

5. 強力膠一條

製作方式與運用：

1. 老師將數字 1-10 用鉛筆依序分別寫在細砂紙背面。

2. 老師依著鉛筆的輪廓將數字 1-10，用剪刀剪下來。

3. 老師將剪下來的數字 1-10，用強力膠分別貼在硬紙板上。

4. 老師引導並示範給孩子看，如何於砂紙板上寫數字 1-10。

5. 孩子可在老師的引導下，於砂紙板上練習寫數字 1-10。

6. 老師將製作完成的數字卡，依次序排列於數學區，以便孩子的選用
   與練習。

數字 11-19 的認識

目的：

- 認識 11-19 的量與數字（符號）。

- 將「量」與「數字」的結合。

- 建立數字「合成」與「分解」的概念。

- 有具體操作的經驗。

- 將數學概念「具體化」、「遊戲化」和「多樣化」。

- 量概念的邏輯推理。

- 「估算數量」的練習。

- 「數算」能力的培養。

材料：

1. 長條硬紙板二張
2. 長方形硬紙板九張（約 9×7 公分）
3. 黑色麥克筆一枝
4. 鉛筆一枝
5. 小顆保麗龍球（一百四十五粒）
6. 細竹籤十八枝
7. 剪刀一把
8. 長方形盒子一個

製作方式與運用：

1. 老師用鉛筆，將二張長條硬紙板，平均等距地分隔出十格，每格約 9×14 公分。
2. 老師於每格中，用麥克筆寫出數字「10」。
3. 老師將長方形硬紙板九張（約 9×7 公分），分別亦用麥克筆寫出數字「1」到「9」。
4. 老師可以引導孩子，將九枝細竹籤分別串入十粒小顆保麗龍球，當作「十的量」。
5. 老師引導孩子，將其他九枝細竹籤，分別串入一個保麗龍球、兩個保麗龍球，直到第九枝的九個保麗龍球串完成。老師可將過長的細竹籤用剪刀修短。
6. 老師可引導孩子，將完成後的保麗龍球串放入長方形盒內。
7. 老師可以開始引導孩子，如何認識 11-19 了。

8. 老師使用「數字板 1」，蓋住第一格的「長條硬紙板 0」，接著告訴孩子，「這是十一」，並且放置保麗龍球串於側（一串是十個球，一串是一個球）。

9. 相同的方式，老師使用「數字板 2」，蓋住第二格的「長條硬紙板 0」，接著告訴孩子，「這是十二」，並且放置保麗龍球串於側（一串是十個球，一串是兩個球）。

10. 相同的方式，直到「數字 19」完成。

11. 完成引導教學與示範後，可以讓孩子將教具歸位，並且鼓勵其自由選取操作練習。

☜ 數字 10-99 的認識 ☞

💡 目的：

- 認識 10-99 的量與數字（符號）。
- 「數算」能力的培養。
- 建立數字「合成」與「分解」的概念。
- 「估算數量」的練習。
- 將「量」與「數字」的結合。
- 有具體操作的經驗。
- 量概念的邏輯推理。
- 將數學概念「多樣化」、「遊戲化」和「具體化」。

材料：

1. 長條硬紙板二張
2. 長方形硬紙板九張（約 9×7 公分）
3. 黑色麥克筆一枝
4. 鉛筆一枝
5. 小顆保麗龍球九十九粒
6. 細竹籤九枝
7. 長方形盒子一個

製作方式與運用：

1. 老師用鉛筆將二張長條硬紙板平均等距地分隔出十格，每格約 9×14 公分。
2. 老師於每格中，用麥克筆寫出數字「10」、「20」……「90」。
3. 老師將長方形硬紙板九張（約 9×7 公分），亦分別用麥克筆寫出數字「1」到「9」。
4. 老師可以引導孩子，將九枝細竹籤分別串入十個小顆保麗龍球，當作「十的量」。
5. 老師可引導孩子，將完成後的保麗龍球串放入長方形盒內。
6. 老師可以開始引導孩子，如何認識 10-99 了。
7. 老師使用「數字板 1」，蓋住第一格的「長條硬紙板 0」，接著告訴孩子，「這是十一」，並且放置保麗龍球串於側（一串是十個球，另一串是一個球）。
8. 相同的方式，老師使用「數字板 2」，蓋住第二格的「長條硬紙板

0」，接著告訴孩子，「這是二十二」，並且放置保麗龍球串於側（一串是二十個球，另一串是兩個球）。

9. 相同的方式，直到「數字 99」完成。

10. 完成引導教學與示範後，可以讓孩子將教具歸位，並且鼓勵其自由選取操作練習。

第 四 節　「幾何」與「空間」的組合教具

一、幾何的認識與學習

幾何與空間的概念，是孩子在學習數學的過程中必經的學習歷程。然而，有的孩子對於舉凡幾何圖形的名稱、邊、弧度、角度瞭如指掌；對於具有空間概念的幾何學立體模型的名稱、角度和弧度，亦相當熟悉。反之，也有不少的孩子仍未有機會接觸「幾何」的經驗，其對於數學相關的學習就顯得困難與抽象些了。

在蒙特梭利教學法中，有一組「幾何拼圖櫥」的教具，就是為了讓學齡前的孩子，能夠有機會實際來體驗與認識各種不同的幾何圖形而設計的。在此組教具中，孩子可以藉著視覺與觸覺來探索幾何形狀，學習其名稱，並且辨識圖形與圖形之間的不同與相關性。這一組的「幾何拼圖櫥」教具（如彩圖 4-20），其設計乃是依孩子的能力發展，與對圖形產生認知概念的先後次序來設計；教師或家長也可以依其教學法的精神和概念，製作與提供相關的紙卡（如彩圖 4-21）或塑膠圖形等，讓孩子來練習與操作。

在教學的過程中，教師可以運用「三階段教學法」來進行，以便讓孩子對於所認識的圖形，能夠知道其名稱。在此，以示範匣為例，來說明如何進行「三階段教學法」，讓孩子認識圓形、正方形和正三角形的圖形與名稱。

第一階段：教學重點「命名」

師：拿起圓形的幾何圖形，以手指輕觸其周圍，並且告訴孩子「這是圓形的」。

生：以相同的方式操作，並且完成後，說出「這是圓形的」。

師：拿起正方形的幾何圖形，以手指輕觸其周圍，並且告訴孩子「這是正方形的」。

生：以相同的方式操作，並且完成後，說出「這是正方形的」。

師：拿起正三角形的幾何圖形，以手指輕觸其周圍，並且告訴孩子「這是正三角形的」。

生：以相同的方式操作，並且完成後，說出「這是正三角形的」。

第二階段：教學重點「辨別」

師：詢問孩子：「請問圓形是哪一個？」

生：指出圓形所在的位置。

師：詢問孩子：「請問正方形是哪一個？」

生：指出正方形所在的位置。

師：詢問孩子：「請問正三角形是哪一個？」

生：指出正三角形所在的位置。

第三階段：教學重點「發音」

師：手指著圓形所在的位置，並詢問孩子：「請問這是什麼形狀？」

生：說出「這是圓形的」。

師：手指著正方形所在的位置，並詢問孩子：「請問這是什麼形狀？」

生：說出「這是正方形的」。

師：手指著正三角形所在的位置，並詢問孩子：「請問這是什麼形狀？」

生：說出「這是正三角形的」。

二、空間的認識與學習

　　幼兒空間能力的培養，可以將教學的重點著重於孩子對於圖形的探索、空間的相互關係與運用，以及空間知覺能力的培養，內容包括如下（周淑惠，1999）：

1. 圖形探索：立體（三度空間）與平面（二度空間）圖形的認識。
2. 空間關係：包括人與人、人與物、物與物之間的位置、方向與距離之關係。
3. 空間運用：例如，在「一定的空間中」，建構、組織或安排物體；另一種是，「改變空間大小或形狀」以求符合某物體所需。
4. 空間知覺能力：包括視覺分辨、圖形記憶知覺。

　　在教具製作與運用方面，成人可以盡可能提供相關的材料與機會，讓孩子在遊戲中探索、學習，並且對於空間概念有所認知。這些活動可以包括：塗鴉、觀賞圖畫、拼圖遊戲、體能遊戲、積木的搭建、木工的組合、麵粉糰的創意組合等。

㈠ 塗鴉

- 提供不同的蠟筆，讓孩子可以塗鴉出具有不同線條和色彩的視覺效果。
- 提供不同大小與材料的紙給孩子，讓他們在塗鴉時感受空間的運用。

㈡ 觀賞圖畫

- 可以提供平面書或立體書，與孩子們談論圖畫中的人、事、物的距離或位置，以增進其對於空間關係的認識。
- 提供不同種類的圖畫，讓孩子們玩「記憶的遊戲」，說出圖畫中的景物或位置，這可以提升孩子空間知覺能力的培養。

㈢ 拼圖遊戲

- 可以提供不同材質的拼圖，讓孩子學習上下、左右、前後的觀察與組合，

並且了解與練習空間的相互關係與運用。

- 教師可以提供不同的材料，讓孩子嘗試組合、拼成一個具有造型的物體。

(四) 體能遊戲

- 提供不同大小的球，讓孩子體驗不同大小的球在空間中的滾動速度。
- 提供一個固定的球，放在不同的空間寬度或長度裡，請孩子們觀察與探索球滾動時的情形與變化。

(五) 積木的搭建

- 可以提供各種不同形狀與大小的積木，讓孩子經驗不同的視覺分辨。
- 教師可以提供不同造型的照片或圖片於積木區，讓孩子可以藉著觀看照片中所產生的記憶或靈感，建構另一個屬於他自己想像的空間作品。

(六) 木工的組合

- 教師可以提供一些適合孩子大小的木工工具、木工材料和工作台等，讓孩子親身體驗可移動性的物體，經過適當的組合、排列後，可以利用媒介將之固定於空間中。

(七) 麵粉糰的創意組合

- 教師可以自製與提供不同色彩的麵粉糰讓孩子把玩，教師可以在孩子們工作之前，就先提供幾個基本的立體造型（如：球體、圓柱體、正立方體等）在桌上。如此一來，當孩子見到這些彩色立體的麵粉糰時，就會不自覺地被吸引住了，進而啟發他們對於空間探索的學習動機。
- 教師也可以依孩子的能力與發展，引導他們利用麵粉糰做出不同的物體，例如：有小朋友生日時，教師可以鼓勵孩子們一起製作一個麵粉糰的蛋糕來共同慶祝，上面也可以仿照真蛋糕一般，插上幾根小蠟燭。

幾何圖形的認識

目的：

- 幾何圖形的認識與名稱學習。
- 二度空間的認識。
- 平面圖形的認識。
- 各種不同圖形的探索。
- 幾何圖形的配對練習。
- 幾何概念的培養。

材料：

1. 多種不同的幾何圖形板各一個，如：圓形、三角形、正方形、平行四邊形、梯形、三弧形、花邊形、五邊形、六邊形、七邊形、八邊形、九邊形、十邊形
2. 卡片盒一個
3. 硬紙卡數張
4. 鉛筆一枝
5. 麥克筆一枝

製作方式與運用：

1. 老師一手拿起圓形幾何圖形板，另一手示範觸摸圓形板的外圍。
2. 示範完畢後，告訴孩子「這是圓形」。

3. 接著，老師可以將圓形幾何圖形板，遞交給孩子，讓孩子有機會親身體會與學習。

4. 當孩子對於圖形有所認識之後，可引導孩子繪製圖形配對卡。

5. 老師給予孩子三張硬紙卡，並請孩子用鉛筆將幾何圖形板的外圍描摹下來。

6. 此三張硬紙卡片的形式（如彩圖 4-21），可分類為：實心（幾何圖形塗滿顏色）、粗線（幾何圖形之外圍以粗線描繪）和細線（幾何圖形之外圍以細線描繪）。

7. 孩子可以將已繪製好的圖卡依序排列於桌上，並且拿幾何圖形板與圖卡配對。

8. 在配對練習的過程中，老師可以詢問孩子，其配對圖形的名稱。

9. 孩子工作完成後，可以將配對卡放回卡片盒內，幾何圖形板擺放回櫃內。

幾何學立體

目的：

● 藉著「觸覺」與「視覺」讓孩子學習認識幾何立方體。

● 「三度空間」與「二度空間」的認識。

● 「立體」與「平面」圖形的認識。

● 「空間知覺能力」的培養。

● 幾何造型與空間組合的練習。

● 培養孩子創造思考的能力。

◉ 啟發孩子對於幾何學立體的興趣和探索。

材料：

1. 球體、橢圓體、卵形體、立方體、長方體、三角柱、四角錐、圓柱、圓錐等各一個
2. 投影板數片（投影板與立方體組的側面有相等的面積）
3. 投影板盒一個
4. 圓形基座三個

製作方式與運用：

1. 老師可預備或請孩子從家中找尋以下的立方體：球體、橢圓體、卵形體、立方體、長方體、三角柱、四角錐、圓柱、圓錐（以上之立方體，其邊長或直徑約為 6 公分，高約 10 公分）。
2. 老師可邀請孩子，自製投影板的粗線彩繪。
3. 老師可引導孩子，將彩繪完成並且已經乾漆的投影板，置於投影板盒內。
4. 老師可採用小組或個別教學的形式來示範此項工作。
5. 老師將已預備好的立方體排列於桌上，其中，球體、橢圓體和卵形體分別放置於圓形基座上，以增強其穩固性。
6. 老師可拿起其中任何一個立方體，以手來觸摸其面積和形狀，並告訴孩子此立方體的名稱。
7. 老師將示範完畢後的立方體遞交給孩子，讓其有機會經驗和體會該立方體的面積和形狀，進而達到立方體名稱與實體之認識、認知的自然學習。

8. 老師也可以引導孩子將兩個或數個不同的立方體相互組合，並鼓勵
其發現各立方體間的相異與相同處。

9. 此類物品可置於教室內的櫃子上，讓孩子有機會隨時取拿練習。

小球體的空間組合

目的：

- 培養孩子的幾何與空間概念。
- 「空間關係」的觀察以及運用。
- 「空間運用」的訓練。
- 培養孩子的觀察與創意能力。
- 空間組合能力的練習。
- 三度空間的探索與建構。

材料：

1. 紙黏土
2. 小木棒數根
3. 小盒子一個
4. 塑膠墊一個

製作方式與運用：

1. 老師引導孩子，將紙黏土捏揉成數個小圓球。
2. 老師從小盒子中拿出小木棒，並且將小圓球串接起來。

3. 老師可依此步驟,逐漸完成一個空間組合造型。

4. 老師示範完成之後,可引導孩子自行操作,並且鼓勵其創意造型與探索。

5. 孩子可將完成的個人作品加以分享,並且展示於教室內。

第 五 節　建立邏輯概念的教具

邏輯概念的培養與建立,在幼兒的學習階段是一項重要的課題與不可忽略的部分。邏輯概念的訓練與經驗,將使孩子於日後的學習或生活中,更具有分類的能力、類比的概念與序列的發展建立;而這些能力的訓練,可以幫助孩子們在思考、辨別、比較、問題解決、尋找事物的規律及邏輯順序等有所培養。因此,在教具的製作與教學的運用上,老師不妨可以運用及提供具有配對(pairing)、序類(grading)與分類(sorting)的教材,來加以訓練和培養孩子的邏輯推理能力。

配對:即找尋相對稱或對應型態的人、事、物,如:一個人配對一張椅子。

序類:指兩個以上人、事或物的比較過程,如:粗糙的、比較粗糙的、很粗糙的、最粗糙的……等序類經驗與學習。

分類:是依據事、物間的相同與相異關係,將之分成各類組,包括:屬性的分類、感官的分類、辨識異同的分類和自由分類等。

實體（實物）配對

目的：

- 培養孩子配對的能力。
- 訓練孩子的觀察能力。
- 邏輯概念的建立。
- 水果名稱的學習。
- 語文能力的增長。

材料：

1. 水果：香蕉、蘋果、橘子、葡萄、楊桃各兩個（可依節令更換水果種類）
2. 西卡紙五張
3. 筆一枝
4. 水果籃一個
5. 文字卡盒一個

製作方式與運用：

1. 老師將水果依序置於桌上，再請孩子找尋相同的水果完成配對。
2. 師生完成配對之後，可開始教孩子如何「發音」與認識「文字」。
3. 老師請孩子坐於慣用手的另一側，並寫下水果的名稱。
4. 寫完名稱之後，可教導孩子如何發音，並且完成與水果的配對。

5. 完成工作後，可請孩子將文字卡放回文字盒內，水果放回籃內。

長短序列的呈現

目的：

- 長、短序列的認識。
- 長度序列的經驗學習。
- 事物比較能力的培養。
- 敏銳觀察能力的訓練。
- 邏輯概念的建立。

材料：

1. 粗吸管十根
2. 尺一把
3. 黑筆一枝
4. 安全剪刀一把
5. 盤子一個

製作方式與運用：

1. 老師將準備好的十根吸管放在桌上。
2. 拿起第一根吸管，用尺測量出兩公分，並且以黑筆在吸管上做記號。完成後，放回桌上。
3. 同上述的步驟，拿起第二根吸管，用尺測量出四公分，並且以黑筆

在吸管上做記號。完成後,放回桌上。

4. 相同的方法,依序完成最後一根吸管二十公分的記號。

5. 老師請孩子拿起第一根吸管,用剪刀將做記號處剪下來,孩子將兩公分的吸管放回桌上。

6. 同上述的步驟,拿起第二根吸管,用剪刀將做記號處剪下來,孩子將四公分的吸管放回桌上。

7. 相同的方法,依序完成最後一根吸管二十公分的裁剪。

8. 孩子從桌上可看到,經過測量與裁剪的吸管,依序排列於桌上。

9. 老師也可以將最長與最短的兩根吸管分別取出來,並且用手指著吸管,教導孩子語言:「這是最長的吸管」、「這是最短的吸管」。

屬性的分類

目的:

- 培養分類的能力。
- 字彙能力的增強。
- 屬性認知的學習。
- 邏輯概念的培養。

材料:

1. 金屬類的物品

2. 塑膠類的物品

3. 紙類的物品

4. 籃子三個

5. 硬紙卡三張

6. 筆一枝

製作方式與運用：

1. 老師用筆在三張硬紙卡上，分別寫上金屬類、塑膠類和紙類。

2. 老師請孩子將三個籃內的物品，分別拿出並散放於桌上。

3. 老師拿出金屬類、塑膠類和紙類的字卡，教導孩子「發音」，並且依序排列。

4. 孩子於老師的引導下，分別將桌上的各種不同物品，加以分類並置於字卡的下方。

5. 完成各種物品的分類後，老師可以教導孩子語文，說出所排列出來的「物品名稱」。

照片 4-1　可移動的數字卡和以象棋為籌碼的教具

照片 4-4　固定於硬卡紙上的數字和以紙星星為籌碼的教具

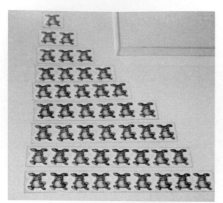

照片 4-5　以小動物標籤貼製而成，具有
　　　　　　不同「量」的紙卡教具
　　　　　　（攝於俄亥俄州幼兒園）

照片 4-6　以紙盒做成的「擲骰子」教具
　　　　　　（中原大學　學生製作）

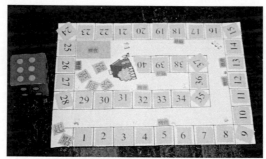

照片 4-7　骰子與數學的遊戲教具
　　　　　　（中原大學　學生製作）

照片 4-8　數字卡（1-9）的教具
　　　　　　（中原大學　學生製作）

照片 4-9　有時針、分針、秒針的時
鐘教具
（元智大學　學生製作）

照片 4-10　以紙製成，可更換日期式的月曆
教具

照片 4-11　以小木塊和紙製成，可配對完成的月曆
教具（教具中，亦附上三月份的英文小
詩篇於側）
（攝於俄亥俄州幼兒園）

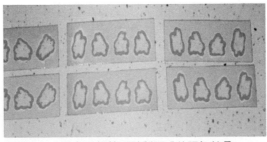

照片 4-13　以兔子標籤所貼製而成的認知教具
（攝於俄亥俄州幼兒園）

照片 4-15　以拼墊組合而成的數學教具
　　　　　（元智大學　學生製作）

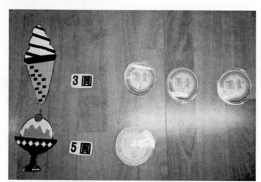

照片 4-17　物品價格與貨幣的教具
　　　　　（明新科大　學生製作）

照片 4-18　認識硬幣正面、背面的教具
　　　　　（明新科大　學生製作）

第 五 章
自然與科學教育的
教具製作與應用
Science

第 一 節　自然與科學領域的認識

　　筆者曾在一所國外的公立幼稚園裡，見到其教室的入口處，在不影響孩子的學習動線和安全之下，設立一個頗具有教育意義和吸引力的自然科學區。或許我們會想，為何將自然科學區設於教室的入口處呢？因為，這所幼稚園裡剛來了幾位新生，當家人送他們來到園內之後，他們就難以和家人分開了，這不僅影響了他們在教室內的工作與學習，也減少他們和其他孩子互動的機會。因此，老師們想出了這個方法，來協助孩子們轉移與家人分離時的情緒，並且藉機引導他們對於自然科學的探索與學習。

　　當自然科學區呈現之後，家長送孩子到園內來時，不僅孩子立即被此區的許多「會動的」與「不會動的」新鮮玩意兒給吸引住，甚至連家長也驚歎老師的專業功力，將自然科學教育融入於生活中，並且轉移了孩子們的分離焦慮情緒。在這一區裡，人們可以見到幾個透明箱內的昆蟲和小動物（如：蜻蜓在綠竹葉上面緩緩前進著、小蝌蚪在水中慢慢地游著、幾隻緩慢往上爬著並且相互堆疊在一起的小烏龜、緩慢移動著的小蝸牛、學人說話的鸚鵡）、

植物（如：從花園裡採來的玫瑰花、綠色的葉子、發嫩芽的小樹枝、可見到年輪的木塊和一個放大鏡、枯黃的葉柄、已無葉綠素的白色網狀葉脈）、自然界的產物（如：不同的礦石、地球儀、地形模型）和能夠產生自然力量的物體（如：能夠產生相吸與相斥的磁鐵、緩緩旋轉的風車、滾動的水車）等。孩子專注的神情，似乎已經讓他們忘記要家人陪在身旁的需要了，經過了四週的呈現與配合教學活動的進行之後，孩子已經能夠輕鬆地和家人道別，且慢慢地習慣教室內的學習活動。

對於幼兒而言，成人如果能夠提供良好的自然科學環境，與適合他們學習的材料或教具，並教導他們具備正確和良好的自然科學知識、方法和態度，相信這些都可以培養孩子對於自然科學學習的興趣、思考、觀察與探索；此外，也會讓孩子的學習，更具有正確性、完整性、多元性、創意性、探索性和知識性。

「自然科學知識」乃包含許多自然科學中的學科知識，如：動物學、植物學、地球科學、生物學、天文學、氣象學……等；「自然科學－方法」乃是運用各種不同的方式和技巧來探索自然科學，如：觀察、推論、分析、實驗、預測、推論、測量、分類、比較等；「自然科學態度」乃是抱持著客觀、好奇、謙虛、懷疑、開闊的心等，來探索和發現自然科學現象（周淑惠，1998）。

對於自然與科學教具的製作和應用，教師可配合孩子的能力與認知發展，從孩子在日常生活中容易見到與接觸到的一些自然科學現象或事物來著手。教師不妨將教學的目標與方向分為動物、植物、地球環境和自然力量（周淑惠，1998）四大方面來進行。

第 二 節　　認識動物的教具

在幼兒園內提供小動物或昆蟲的飼養，可以讓孩子們有機會學習如何照顧和愛護這些生物，並且了解和觀察這些生物的特徵、生活習性、成長變化、繁殖方式等等。因此，在園所內常見被選擇來作為飼養的動物，通常是孩子們在生活中較常見到，且不會危及孩子們安全的，例如：小狗、小白兔、小雞、小老鼠、蠶寶寶、小鳥、烏龜、蝴蝶、魚類等等。

幼兒對於動物的認識與學習，其教具的製作與應用，可依孩子先前接觸或認識動物的經驗與理解能力，加以引導學習，其教學重點可著重於動物的種類與特徵、食物、居住環境、成長變化、繁殖方式和對人類的影響（貢獻或害處）等方面來探討（周淑惠，1998）。

☞ 動物 V.S.文字——接吻卡的製作 ☜

💡 目的：

- ◎ 增進孩子對於動物名稱的認識。
- ◎ 提升孩子對於動物知識的增長。
- ◎ 協助孩子對於動物特徵的觀察。
- ◎ 藉由淺入深的方式，導引孩子進入動物的世界。
- ◎ 動物圖片與文字的配對組合。

材料：

1. 瓦楞紙 **A4** 大小五張

2. 白紙 **A4** 大小五張

3. 麥克筆一枝

4. 鉛筆一枝

5. 膠水一瓶

6. 美工刀一把

7. 尺一把

8. 昆蟲圖片五張，如：蝴蝶、瓢蟲、蜻蜓、蜜蜂、蒼蠅
（可依孩子的經驗、認知與能力來決定圖片）

製作方式與運用：

1. 老師將五張瓦楞紙分別置於桌上，並且將五張昆蟲圖片分別用膠水固定黏著於瓦楞紙上（約占瓦楞紙的 2/3）。

2. 老師於瓦楞紙的 1/3 處，用麥克筆以端整的字體，寫下昆蟲的名稱。

3. 老師可用鉛筆，在瓦楞紙的 1/3 處做一記號，並以不同線條的方式，將圖片與文字部分區隔，區隔的線條可為波浪線、曲折線、鋸齒狀……等。

4. 老師可用美工刀小心地沿著以上的線條，將紙割開來。

5. 完成後的圖卡與文字卡，可分別置於兩側。此時，老師可引導孩子，如何使用此「文字V.S.圖片」的拼圖教具，並且讓孩子有獨立操作和練習的機會。

🖕 動物——創意造型（狗） 🖕

目的：

- 提升孩子對於動物的創意能力培養。
- 讓孩子熟悉動物的每個部位。
- 讓孩子親身體驗和自製動物的造型，並且熟悉動物的特徵。

材料：

1. 長條氣球數個（可依學生人數來決定之）
2. 氣球用的打氣筒一個
3. 筆一枝
4. 紙六張（用於標示部位名稱之用，故大小宜適當）

製作方式與運用：

1. 老師可在孩子對於某種動物有所認識之後，進行此項工作。
2. 老師引導孩子到適當的示範位置就位後，依序加以示範、指導和簡略說明。
3. 老師示範如何用打氣筒將空氣打入氣球內，並且可一邊打氣一邊數次數。
4. 每個氣球充氣十次即可。
5. 老師可待每位孩子完成此一步驟之後，再進入下一階段的示範和說明。

6. 接著，老師可詢問孩子：「狗有哪些部位？」待孩子回應之後，老師可告訴孩子，將用氣球創意造型依序做出狗的身體、尾巴、四肢和頭部等部位。

7. 完成各部位的造型後，將氣球開口處綁緊，即完成此工作了。

8. 完成之後，老師也可以請孩子將狗的各部位名稱貼上文字標示。

動物的成長變化——青蛙和雞

目的：

- 引導孩子認識動物成長的過程。
- 藉由「圖片」和「文字」的呈現，讓孩子對於動物成長的抽象概念轉為具體的理解與學習。
- 機會教育，教導孩子對於「生命」的尊重。
- 機會教育，教導孩子要「愛護動物」。
- 說明青蛙、雞和人類的關係。

材料：

1. 圖畫紙數張
2. 彩色筆數枝

製作方式與運用：

1. 老師依序將「青蛙成長的過程」——從青蛙卵、蝌蚪、長後腳、長前腳，到長成青蛙，一一用文字寫在每張圖畫紙上。

2. 接著，老師可將上述過程用彩色筆畫出來，以便於孩子的認識與理解。

3. 以相同的方式，老師可以將「雞的生長過程」，以文字和圖畫的方式呈現出來，引導孩子學習。

認識鳥類的部位——「三部卡」的應用

目的：

- 提升孩子對於動物——鳥兒的認識。
- 引導孩子藉由教具的操作和練習，對於鳥類身體結構的知識有所吸收。
- 增進孩子對於鳥類各部位的了解和學習。
- 提供機會讓孩子從具體和有趣的圖片中學習。
- 培養孩子敏銳的觀察和辨別能力。

材料與設備：

1. 卡紙數張
2. 白紙一張
3. 膠水一瓶
4. 彩色筆數枝
5. 影印機一台
6. 護貝膠膜和護貝機一台
7. 剪刀一把

8. 尺一把

製作方式與運用：

1. 老師將鳥類的「體型」和「部位」很完整地畫在一張白紙上。

2. 白紙上所畫出來的鳥類部位，可以包括：胸部、尾巴、翅膀、爪子、鳥喙、腳和頭等。

3. 老師將完整的鳥類構造圖，用影印的方式複製出八張，再將這八張鳥類構造圖分別黏貼於八張卡紙上。

4. 此時，老師可以在每一張卡紙下方約三公分的範圍內，寫下鳥類不同的部位名稱。完成後，則依據部位名稱，在鳥類構造圖上，用紅筆特別標示出來（如：文字為「頭部」，則用紅筆在鳥兒的頭上，特別標示呈現出來）。完成之後，此乃為第一部分教具的製作完成。

5. 第二部分教具的製作和第一部分類似，唯一不同的是，在每一張圖卡的下方，不使用任何文字，而是留白的。

6. 第三部分教具的製作，乃是將八張文字卡呈現出來，且並無圖片。

7. 當「三部卡」教具製作完成時，老師則可以引導孩子進行此項教具的操作與學習了。

8. 老師可請孩子將「第一部分卡」依序排列好之後，再將「第二部分卡」依序排列，最後請孩子將「文字卡」與第二部分的圖卡配對。

9. 當孩子完成「第二部分卡」和「文字卡」的配對後，則可以「第一部分卡」來進行自我訂正和學習了。

10.當孩子在進行此「三部卡」的教具練習時，老師可以引導孩子對於鳥類各部位的「命名」、「辨別」和「發音」。

第 三 節　認識植物的教具

　　植物的種類繁多，大致上可分為兩大類：有根莖葉植物和無根莖葉植物。有根莖葉植物包括被子植物、裸子植物和蕨類植物，無根莖葉植物包括藻類、真菌和苔蘚類（周淑惠，1998）。對於幼兒而言，引導孩子認識植物，並且讓其體驗種植的樂趣、探索植物生長、繁殖的過程與其對於人類的影響，是幼兒教育中重要的一環。

認識葉子

目的：

- 認識葉子的名稱。
- 引導孩子觀察不同葉子的形狀。
- 讓孩子體驗不同葉子的表面——光滑或粗糙的觸感。
- 提升幼兒對於植物的認識。
- 藉由親身體驗大自然的樂趣，發現「奇妙的葉子」之學習。
- 讓孩子了解，不同的植物或葉子有其不同的生長地與成長條件。

材料：

1. 各種不同植物的葉子數片
2. 壁報紙全開一張
3. 筆一枝

4. 膠帶一捲，膠台一座

💡 **製作方式與運用：**

1. 老師可請家長協助孩子，找尋數片不同植物的葉子，並攜帶至園所，參與教學活動的進行。

2. 老師可以在全開的壁報紙上做一表格，將葉子的名稱、形狀、表面、生長地和葉子呈現處等，分別以列表的方式加以分類（如表5-1）。

表 5-1　　認識奇妙的葉子之海報製作

奇妙的葉子				
名稱				
形狀				
表面				
生長地				
葉子呈現處				

3. 老師請孩子將所帶來的葉子一一擺放於桌前，並請孩子輪流分享所帶來的葉子（如：葉子形狀？何處採集到的？葉子顏色？葉子表面是光滑的或粗糙的？）。

4. 老師可依序將孩子的說明，分別記錄於表格中。

5. 當每位孩子分享完畢時，老師可將其所帶來的葉子，用膠帶黏貼於底欄行列中。

6. 當每一位孩子都完成分享之後，老師可將此共同參與討論的作品，

張貼於適合孩子高度的角落，以便於日後的複習或孩子的觀察和學習。

種植植物──苜蓿芽

目的：

- 讓孩子有種植植物的經驗，並體驗其中的樂趣。
- 讓孩子有機會觀察到植物生長時所需的環境、養分和條件。
- 讓孩子有機會參與植物生長的過程。
- 藉此經驗，學習和體驗實驗中的方法，包括：「觀察」、「對照」、「比較」、「分析」、「預測」和「測量」。

材料：

1. 長方形盒子一個
2. 方形棉花塊二片
3. 水
4. 苜蓿芽種子一把
5. 筆一枝
6. 紙條二張

製作方式與運用：

1. 老師可將所有材料準備齊全，再引導孩子到適當地點進行示範。
2. 老師將方形棉花塊，分別放入長方形盒子內的左側和右側。

3. 老師可以請孩子將等量的苜蓿芽種子，分別灑在左邊和右邊的棉花塊上。

4. 老師可以請孩子在右側的苜蓿芽種子上澆些水，左側則不加水，以作為「對照」和「觀察」之用。

5. 老師可請孩子拿筆在二張紙條上，分別寫上或畫上「有澆水的和接受陽光照射的苜蓿芽種子」以及「無澆水的和置於陰暗處的苜蓿芽種子」。

6. 完成後的紙條，分別放置於盒子的「右側」與「左側」。

7. 所有工作完成之後，即可將此小實驗盒，移至教室中的某個區域，讓孩子有機會觀察和繼續實驗。

（資料來源：明新科大　二技學生設計）

自製「植物標本」小書

目的：

● 引導孩子認識植物。

● 讓孩子有機會學習如何製作「植物標本」。

● 指導孩子認識和學習植物時，做有系統的「分類」、「記錄」與「蒐集」。

材料：

1. 圖畫紙 A3 大小三張

2. 採集到的植物

3. 筆一枝

4. 打洞機一台

5. 毛線約 60 公分長

6. 剪刀一把

7. 膠帶一捲，膠台一個

製作方式與運用：

1. 老師邀請孩子一起參與自製「植物標本」小書的活動。

2. 老師可以告訴孩子，此書分為三部分，每部分為一頁，分別為：「封面」、「植物標本呈現和說明」和「封底」（老師可依孩子的能力與經驗，增添書的頁數和部分）。

3. 老師可以引導孩子在製作「封面」時，須有：書名、作者、製作日期等的書寫與標示。

4. 老師在指導孩子進行「植物標本呈現和說明」時，則須提醒孩子：將採集到的植物，小心地用膠帶黏貼，並且註明和寫下此植物的「名稱」、「特徵」、「採集日期」、「採集地點」和「採集者」。

5. 「封底」乃是一本書的底頁，建議不妨讓孩子自由發揮或留白。

6. 當孩子完成此三部分時，老師可以引導孩子依頁次順序，將小書整合起來，再用打洞機打洞，最後再用毛線將其裝訂完成。

植物種子的認識

目的：

- 讓孩子有機會認識植物的「種子」。
- 引導孩子對於植物「種子名稱」的認識。
- 讓孩子了解植物與種子對於人類的貢獻。

材料：

1. 植物種子，如：葵花子、花生、南瓜子、黑芝麻、白芝麻
2. 壁報紙全開一張
3. 拉環小塑膠袋六個
4. 硬卡紙十張
5. 黑筆一枝
6. 膠帶一捲，膠台一個

製作方式與運用：

1. 老師將全開壁報紙張貼於孩子視線高度。
2. 老師請孩子將葵花子、花生、南瓜子、黑芝麻、白芝麻等種子，分別裝於不同的拉環小塑膠袋內。
3. 老師可將裝好的種子，依序用膠帶黏貼於壁報紙上。
4. 老師可詢問孩子所見到的種子顏色和名稱，將其一一用黑筆寫在硬卡紙上。

5. 完成文字卡的製作之後，老師可以請孩子依序拿「文字卡」和黏貼於壁報紙上的「種子」做配對；並將正確的組合，以膠帶將字卡固定於壁報紙上。

👉 蔬菜水果——創意造型 👈

💡 目的：

- 認識蔬菜的形狀。
- 讓孩子了解蔬菜的顏色。
- 啟發孩子對於蔬菜造型的創造力。
- 培養孩子對於蔬菜的喜愛和認識。
- 引導孩子了解蔬菜對於人類的功用。

💡 材料：

1. 壁報紙數張，不同顏色（可依蔬菜之顏色決定之）
2. 膠帶一捲，膠台一個
3. 剪刀一把
4. 麥克筆數枝

💡 製作方式與運用：

1. 「茄子」：用筆在紫色壁報紙上畫出數個茄子的形狀及蒂頭，再用剪刀將之剪下來；接著，用膠帶將剪下的茄子，以立體的造型黏貼起來。

2. 「紅蘿蔔」：用筆在紅色壁報紙上畫出數個紅蘿蔔的形狀，並在綠色壁報紙上，畫出數片葉子的形狀，再用剪刀將之一一剪下來。並用膠帶將剪下的紅蘿蔔，以立體的造型黏貼起來。

3. 「白蘿蔔」：用筆在白色壁報紙上，畫出數個白蘿蔔的形狀，及在綠色壁報紙上，畫出數片葉子的形狀，再用剪刀將之一一剪下來。並用膠帶將剪下的白蘿蔔和葉子，以立體的造型黏貼起來。

4. 「番茄」：用筆在紅色壁報紙上畫出數個番茄的形狀及蒂頭，再用剪刀將之剪下，並用膠帶將剪下的番茄和蒂頭，以立體的造型黏貼起來。

5. 依上述方式，老師可以請孩子畫出其他蔬菜的形狀，再將其加以立體組合即可。

第 四 節　　探索地球環境的教具

　　人類生存的地方——地球，它是人類的家，也是人類賴以為生的地方。「地球」孕育了多元與奇特的有生物和無生物，「環境」則是地球中的有生物和無生物交互作用時，所蘊釀出來的「產物」。因此，對於幼兒而言，關於地球環境的了解與保護，是一項必須要學習的重要課題。

　　地球表面呈現許許多多、各式各樣的地形，引導孩子認識生活環境中的地形與名稱，是老師的工作之一。然而，遙遠的島嶼、零星分散的湖泊、看得到陸地的地峽與看不到海洋盡頭的海峽，又要如何讓孩子親身體驗這些自然現象呢？影片的動畫呈現、圖片的靜態了解，可以說是協助老師教學的好幫手；若能讓孩子再親身體驗地形模型的結構及其與陸地、海洋之間的關係，也是一種不錯的教學方式。相信透過孩子的「操作」與「體驗」之後，必能

對於地球環境的了解有更深刻的印象和認識。

　　幼兒教材製作與應用方面，不妨引導孩子，以如下之地球環境的主題為目標，來加以設計教具，輔助孩子的學習。其主題可分為：湖泊、島嶼和峽灣的認識；水的知識建構；空氣和天氣的認知學習。

湖泊、島嶼、峽灣的認識——地形模型

目的：

- 認識地球表面各種不同的地形。
- 讓孩子親身體驗地形模型的結構及其與陸地、海洋之間的關係。
- 讓孩子透過「操作」與「體驗」，認識地球環境。
- 經驗製作模型的樂趣。
- 學習如何製作模型。

材料：

1. 透明塑膠盒子一個
2. 黏土（依模型大小決定黏土的量）
3. 取水杯一個
4. 藍色色水（水加入少許藍色色素）
5. 海棉一塊

製作方式與運用：

1. 老師可以將藍色色水裝於取水杯內。

2. 老師可引導孩子將透明塑膠盒子置於桌前，並製作模型。

3. 以下為各種模型的地形景觀：

島嶼——四面被水環繞的陸地。

湖泊——四面被陸地包圍的水。

地峽——兩邊為海水，中間夾著一塊狹長的陸地。

海峽——兩邊為陸地，中間夾著一片狹長的海。

半島——被海洋三面環繞的大片陸地。

海灣——海洋深入陸地所形成的寬廣海域。

地岬——陸地突出於海中的尖端部分。

淺海灣——海洋深入陸地所形成較小的海灣。

4. 老師在透明塑膠盒子內，用黏土製作以上任何一種模型，完成之後拿起取水杯，將藍色色水倒入盒子內。

5. 此時，孩子便可以觀察到地形模型的結構，及其與陸地、海洋之間的關係了。

6. 示範完成之後，老師可以請孩子自行操作和學習。

☞ 水的知識——固體、液體和氣體的認識 ☜

💡 目的：

- 讓孩子認識固體、液體和氣體。
- 讓孩子觀察固體轉變為液體和氣體的過程。
- 提供機會，讓孩子體驗有趣和不同的科學實驗。
- 物體「沉」、「浮」概念的導入。

- 顏色（色素）於水中的溶解與變化。
- 建構固體變成液體、液體變成固體所需的「時間」、「條件」和「設備」等相關知識和概念。

材料與設備：

1. 冰淇淋盒子一個
2. 水（約冰淇淋盒子的 2/3 容量）
3. 食用色素（藍色和紅色）
4. 繩子一條（約 30 公分）
5. 檸檬薄片（一至二片）
6. 吸管三根（約 3 公分長）
7. 小石頭約五粒
8. 冰箱一台

製作方式與運用：

1. 老師於冰淇淋盒子內注入 2/3 的水量。
2. 老師請孩子將藍色食用色素放入水中；完成後，再將紅色食用色素放入水中。此時，老師可請孩子特別觀察水中顏色的變化。
3. 接著，老師可將準備好的材料，包括：繩子、檸檬片、吸管、小石頭……等，分別請孩子依序放入盒內，並觀察物體是為「沉」或「浮」。但其中的繩子必須留約 15 公分長於外側，以便於懸掛。
4. 完成以上的步驟，老師可將盒子小心地放入冰箱的冷凍庫內。
5. 待結凍之後，即可將盒子取出，並用留約 15 公分長於外側的繩子，將冰塊懸掛起來，讓孩子觀察結凍的「冰」，又要如何變成「氣

體」和「液體」。

6. 老師可藉此機會和孩子「討論」並「記錄」固體變成液體、液體變成固體所需的「時間」、「條件」和「設備」等相關知識和概念。

空氣──前進的氣球

目的：

- 認識空氣的產生與消失。
- 體驗空氣的存在。
- 感受空氣的力量與功用。
- 認識氣球前進所需的動力來源。

材料：

1. 氣球一個（盡可能採較大號的、長條形的）
2. 膠帶一捲
3. 剪刀一把
4. 細繩一條（約 300 公分）
5. 吸管一根（約 5 公分）

製作方式與運用：

1. 老師將繩子穿過吸管，並請兩位孩子出來，一人拉一邊繩子。
2. 老師再請一位孩子出來，將氣球吹滿空氣，並且用手抓緊氣球吹氣處，以免空氣外流出來。

3. 老師可用膠布將吹滿空氣的氣球和吸管一起黏貼固定。

4. 當以上步驟完成時，老師可請抓緊氣球的孩子，將手放開。

5. 此時，孩子便可觀察到氣球的移動與空氣的消失。

6. 老師可於實驗結束後，與孩子進行討論和溝通。

☞ 天氣──自製溫度計 ☞ （如彩圖 5-44）

目的：

● 讓孩子了解到，天氣影響著溫度計的變化，溫度計則記錄著氣溫的改變。

● 引導孩子認識「熱脹冷縮」的概念。

● 讓孩子有自製溫度計的機會和經驗。

材料：

1. 透明底片盒子一個

2. 黏土一小塊（用於阻擋底片盒，避免空氣進入）

3. 透明吸管一根

4. 紅色色水一瓶

5. 釘子一根

6. 熱水半杯

7. 玻璃杯一個

8. 湯匙一根

製作方式與運用：

1. 老師用一根釘子，在透明底片盒子上穿一個小洞，此洞口的大小須與透明吸管的直徑相同。

2. 老師可以請孩子從玻璃杯中，用湯匙取出一大匙的熱水至透明底片盒內。

3. 老師請孩子在底片盒內，加入二至三滴的紅色色水。完成後，即可將底片盒的蓋子蓋起來。

4. 接著，老師可以請孩子小心地把吸管插入蓋孔中，並用黏土將吸管和盒蓋的交接處密封起來。

5. 完成以上的步驟之後，老師可以將「自製溫度計」放入半杯的熱水中（熱水的高度，必須低於溫度計的瓶蓋接口處）。

6. 大家很快即可發現，溫度計遇熱上升了。

（資料來源：明新科大　二技學生設計）

第 五 節　體驗自然力量的教具

　　自然的力量可以包括電、光、聲音和磁鐵（周淑惠，1998）等各種的動力和能量，而這些自然的現象，亦與人類的生活息息相關，無所不在。因此，引導孩子體驗和認識自然中的各種動力，實有其必要性和重要性。

　　自然力量方面的教具製作，可以實驗、操作、觀察等的方式來進行（如：靜電的體驗、皮影戲的操作等，來協助孩子對於自然力量的了解）。同時，也可以配合自製大書「旋轉動力書」，來使孩子對於自然力量的種類──風力、電力、水力等，有更深層的認識和知識的整合〔如照片5-50(1)～5-50(4)〕。

👉 **靜電的體驗** 👉（如照片 5-48）

💡 目的：

- 增進孩子對於靜電的了解與體驗。
- 引導孩子了解靜電產生的過程。
- 使孩子對於產生靜電所需的物體和條件有所認識。
- 啟發孩子對於日常生活中的自然力量感到好奇和產生興趣。

💡 材料：

1. 梳子一把
2. 小紙條一張

💡 製作方式與運用：

1. 老師可以請孩子將小紙條撕成許多細小碎片。
2. 老師示範給孩子看，如何將梳子摩擦生電。
3. 老師將已摩擦多次的梳子，置於小細碎紙片上方（提醒：梳子不需要直接觸及小細紙片），即可見到靜電的自然力量，會將細紙片吸起來。
4. 當老師示範和說明之後，即可邀請孩子親自參與和操作，體驗靜電的「神奇魔力」了。

☞ 光──皮影戲 ☞（如彩圖 5-49）

💡 目的：

- 增進孩子對於「光」與「影子」的認識和體驗。
- 提供機會，讓孩子探索「物體」與「影子」的關係。
- 讓孩子從遊戲中，體驗「影子移動」的樂趣。
- 激發孩子對於科學探索的動機。

💡 材料：

1. 紙盒子一個（寬約 60 公分，但可依需要決定大小）
2. 筆一枝
3. 鉛筆數枝
4. 尺一把
5. 卡紙數張
6. 吸管數根
7. 膠帶一捲，膠台一個
8. 剪刀一把
9. 刀片一把
10. 彩色筆數枝（不同顏色）
11. 壁報紙全開一張
12. 描圖紙一張
13. 手電筒一把（可依活動需要而增添）

製作方式與運用：

1. 老師可以請孩子參與製作，在盒子的寬面處，以尺測量並標示記號，於盒子的每一邊，約留七公分，再使用刀片將紙板的中心部分取出，此時會有正方形的缺口呈現。

2. 老師可以請孩子測量出此缺口的大小，並於描圖紙上畫出相同的大小（也可以比缺口大些，以便黏貼），再使用剪刀將之剪下來，黏貼於盒子的內側。

3. 老師可以邀請孩子使用壁報紙，將盒子的外型加以黏貼，使其外觀更具吸引力和美觀的呈現。

4. 完成皮影戲盒子的製作之後，老師可以請孩子用鉛筆在卡紙上畫出想在皮影戲中呈現的人物、動物或物體。

5. 完成後的圖片，可以請孩子小心地將之剪下來，並以彩色筆加以著色，以增加其創造性和吸引力。

6. 接下來，老師可以教導孩子如何將吸管的一側，用剪刀將之剪開，一分為二，以便於將紙卡圖片固定和黏貼於此吸管上。

7. 完成紙卡的製作之後，則可以請孩子於箱子的內側，手持吸管，移動紙卡，並配合手電筒的燈光移動；於箱子另一側的同學，則可以觀賞到清楚影像的移動了。

旋轉動力書 〔如照片 5-50 (1)～(4)〕

目的：

- 增進孩子對於各種自然動力的認識。
- 提升孩子對於自然力量的體驗和觀察。
- 整合孩子對於自然動力的認知與學習。
- 引導孩子對於閱讀的興趣。
- 讓孩子有機會對於自然動力，物體圖片之「配對」和「分類」的練習。

材料與設備：

1. 硬紙板五張（可依頁數多寡決定）
2. 護貝膠膜一捲
3. 魔鬼粘（可依圖卡張數決定數量）
4. 列印紙 A4 大小數張
5. 電腦一台
6. 印表機一台
7. 剪刀一把
8. 膠水一瓶
9. 彩色筆一盒

💡 製作方式與運用：

1. 老師可以和孩子討論此「書名」的訂定，並使用電腦打字，將文字使用印表機印製出來，張貼於封面上。

2. 完成封面的製作之後，即可以進入本書的第一頁主題——「風力」，老師可將需要產生風力方能轉動或移動的物體（如：風箏、風車、龍捲風、颱風和煙等），畫在紙上，並將其黏貼於圓形的硬卡紙上。

3. 當第一頁完成之後，老師可以進行第二頁「電力」的製作，其物體圖片可包括：果汁機、時鐘、微波爐、錄音機等。製作方式與第一頁相同。

4. 當第二頁完成之後，老師可以依孩子學習的需要，自行增添第三頁、第四頁的製作。

5. 老師於製作過程中，可以和孩子討論，物體是如何藉著「風力」、「電力」轉動或移動。

6. 經過討論與了解後，老師可請孩子將物體圖片進行配對的練習。

（資料來源：明新科大　吳怡萱設計）

照片 5-1　青蛙的成長與身體變化的圖片製作
　　　　　（元智大學　學生設計）

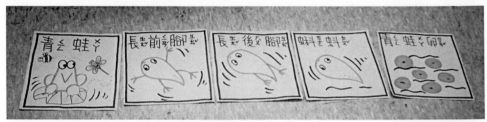

照片 5-2　青蛙的成長與身體變化圖片與文字的製作
　　　　　（元智大學　學生設計）

照片 5-3　雞的一生與成長之圖片製作
　　　　　（元智大學　學生設計）

照片 5-4　蠶寶寶的成長與變化之圖片和文字的製作
　　　　　（明新科大　學生設計）

照片 5-9 以學習單的方式，讓孩子認識葉子的構造

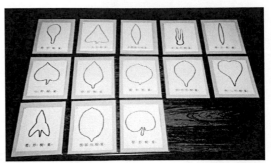

照片 5-10 認識葉子形狀與名稱的紙卡教具

照片 5-12 有水分與無水分之苜蓿芽種子在生長上的比較
（明新科大 二技學生設計）

照片 5-13 觀察馬鈴薯的生長條件與發芽情形

照片 5-14 各種不同的種子和已發芽的植物
（明新科大 二技學生設計）

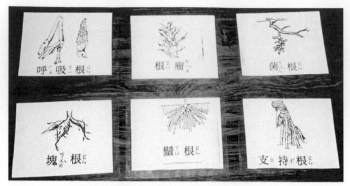

照片 5-17　各種植物根部的學習卡製作

照片 5-25　可以自製小書來認識地球各式各樣的地形名稱
　　　　　　（明新科大　二技學生設計）

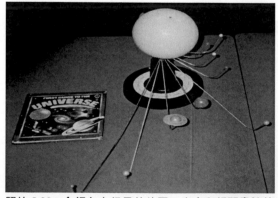

照片 5-29　介紹九大行星的位置、大小和相關書籍的
　　　　　　提供

照片 5-32　北極星圖卡的提供，讓孩子練習
　　　　　以七顆星星和一條細繩組合成北
　　　　　極星座
　　　　　（攝於 Xavier University 蒙特梭
　　　　　利幼兒園）

照片 5-33　書中附有口袋，可放入世
　　　　　界各洲人文、環境、地理
　　　　　的圖片
　　　　　（攝於俄亥俄州幼兒園）

照片 5-35　各種不同礦石的提供和文字
　　　　　配對卡
　　　　　（攝於俄亥俄州幼兒園）

照片 5-36　蛋於鹽水中（左杯內）向
　　　　　上浮，淡水中（右杯內）
　　　　　向下沉

照片 5-37　不同的紙質塗上蠟筆之後，放
　　　　　入水中有不同的展開速度
　　　　　（明新科大　二技學生設計）

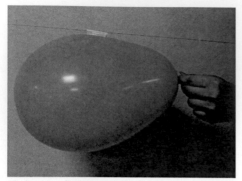

照片 5-39　裝滿空氣的氣球，會產生一股前進
　　　　　的動力
　　　　　（魏麗卿示範）

照片 5-40　將氣球分別套在裝有水（左一）與
　　　　　醋（左二）的瓶子時，氣球會產生
　　　　　不同的變化
　　　　　（明新科大　二技學生設計）

照片 5-41　人對吸管吹氣，會將保麗龍球
　　　　　吹起而不掉落於地
　　　　　（明新科大　二技學生設計）

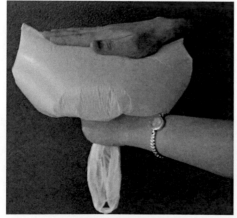

照片 5-43　以塑膠袋感受空氣的存在
　　　　　（魏麗卿示範）

照片 5-48　梳子摩擦後所產生的靜電，可吸起
　　　　　細碎紙片
　　　　　（魏麗卿示範）

照片 5-50⑴　旋轉動力書的封面
　　　　　（明新科大　吳怡
　　　　　萱設計）

照片 5-50⑵　旋轉動力書的內容之一：風力
　　　　　（明新科大　吳怡萱設計）

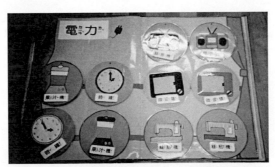

照片 5-50⑶　旋轉動力書的內容之二：電力
　　　　　（明新科大　吳怡萱設計）

照片 5-50⑷　旋轉動力書的內容之三：人力
　　　　　（明新科大　吳怡萱設計）

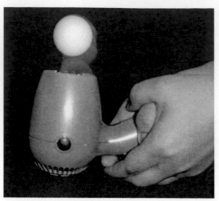

照片 5-51　吹風機的氣體對流，讓乒乓球
　　　　　　懸浮於空中
　　　　　　（魏麗卿示範）

照片 5-52　傳聲筒的製作
　　　　　　（明新科大　學生設計）

照片 5-53　在圖畫紙背面貼上磁鐵，就可以「磁力」
　　　　　　來移動立體紙卡
　　　　　　（明新科大　學生設計）

第 六 章

體能與遊戲教育的
教具製作與應用
Physical Education

第 一 節　體能與遊戲教育的意義與內容

　　幼兒體能與遊戲對於成長中的孩子而言是重要的，並且也是需要和必要的，它對於孩子的健康與發展有所幫助（Thayer & Westby, 1999）。因此，當孩子在園所內學習時，教師應該要提供孩子們每口皆有一段體能活動或是遊戲的時間，在這段時間內，並非是教師們休息的好時間，反而是需要顧及孩子們在活動時的安全，並提供適當且足以刺激其學習的經驗（Thayer & Westby, 1999）。當天晴時，教師可以讓孩子們到戶外場所遊玩，並且提供豐富多元和有助於刺激孩子們發展的體能設備或是遊戲器材，這些設備或器材是可以購買得到的，當然，教師也可以配合孩子的學習需要和發展的能力，來和孩子們一起製作。當天候不佳，無法讓孩子們從事戶外活動時，教師也可以運用教室內的有限空間，來進行一些適當的體能活動（如：走平衡木、走線活動、傳海灘球、韻律操、跳高、跳遠、翻筋斗等），或是簡易的遊戲（如：老師說、大風吹、拔蘿蔔、角色扮演等），以達到孩子們成長過程中所必需的體能活動。

　　我國教育部於幼稚園課程標準中，亦明定幼稚園的六大課程領域包括了「遊戲」和「健康」。其中，「健康」的教學目標，將「鍛鍊幼兒基本動作，發展幼兒運動興趣與能力」列入教學的重點與方針（教育部，1987）。因此，幼兒體能與遊戲活動應該是一種以「運動」（movement）為主體、以「遊戲」為方法、以「教育」為指導、以「培養幼兒身心發展的基礎能力為目標」的活動（康惠琹，2001）。

　　幼兒體能活動的內容中，協助並且指導幼兒獲得「運動能力」的發展，是教師於活動中不可忽略的一環，這些運動能力包括：平衡性、敏捷性、巧緻性、柔軟性、肌力、耐力和瞬發力（康惠琹，2001）。幼兒於體能活動中，教師的引導和活動內容的設計，可以配合體能器材的使用與變化延伸的運用，這些皆有助於幫助孩子在運動能力方面的均衡發展（如表6-1）。

　　幼兒遊戲方面，依其內容性質可分為五種：感覺運動遊戲、創造性遊戲、社會性活動與模仿想像遊戲、思考及解決問題遊戲，以及觀賞影劇或影片遊戲（教育部，1987）。由此可見，教師在引導孩子參與幼兒遊戲時，是有其教學目標與教學內涵的，幼兒乃是需要從「遊戲」中，學習「如何遊戲」、「思考遊戲」、「創造遊戲」、「改變遊戲」，並且為了「真正的遊戲」而「遊戲」。教師在引導幼兒參與遊戲活動時，可以將其活動的教學領域擴大與結合，廣及各個學科的學習與認知，如：體能、日常生活、數學、語文、自然與科學、藝能、文化、節慶……等。「許多的研究皆顯示了，『遊戲』是提供概念發展及解決問題最主要的方法，遊戲能讓孩子與多樣的刺激連結，這些都提供分類、歸納和概念發展的技巧」（黃錫權等譯，2004，81頁）。因此，教師若能夠以遊戲的方式，將各學科的學習融入其中，相信孩子會從許多有意義和安全的遊戲中，不斷地學習和成長，而老師就是那位引導孩子遊戲的「創意點子王」和「孩子王」了。

表 6-1	幼兒運動能力與相關活動的內容和特性	

運動能力	特性	相關之活動
平衡性	◎ 與大腦、小腦等中樞神經的感覺神經系統關係最大。 ◎ 此能力之訓練，可從嬰幼兒早期教育就開始進行。	◎ 走路 ◎ 雙人協力走 ◎ 走平衡木
敏捷性	◎ 身體之全部或局部，迅速移動或變化方向的能力。	◎ 踢毽子 ◎ 丟球 ◎ 反覆側跳
巧緻性	◎ 身體各部動作表現靈巧、熟練、有節奏性地進行運動的能力。 ◎ 此為幼兒運動中最重要的因素之一。	◎ 跳繩 ◎ 拍球 ◎ 縫工 ◎ 敲木釘
柔軟性	◎ 關節活動範圍的大小。 ◎ 與肌腱、肌肉的伸縮和彈性有關。 ◎ 幼兒任何活動項目所必需的能力。	◎ 體操 ◎ 跳舞 ◎ 攀爬
肌力	◎ 肌肉可發揮最大限度的能力。 ◎ 男幼兒會優於女幼兒。	◎ 滾輪胎 ◎ 滾球 ◎ 轉陀螺
耐力	◎ 運動時，持續不斷的能力。 ◎ 可分為：全身性耐力和局部性肌耐力。	◎ 按力寶 ◎ 踢球大賽
瞬發力	◎ 肌力在瞬間收縮所發揮出來的力量。	◎ 垂直跳 ◎ 跳房子 ◎ 擲竹圈

第 二 節　幼兒體能遊戲器材與教具製作

　　幼兒體能器材是經由商人開發製作出來的，器材本身有其一定的規格、形體和主要的功能，並且提供給幼兒在參加或從事體能活動時，可以運用的道具。目前體能器材可以分為二大類：「一定性」的運動器材和「利用性」的運動器材。「一定性」的運動器材又可分為專項體能教具（如：跳箱、木

梯、平衡木、平衡板、球、數字墊等）和感統教具（如：滑板、滾筒、前庭平衡機、平衡台、A形棒、搖搖船等）；「利用性」的運動器材，乃是老師於教學中或訓練幼兒，如何透過觀察生活周遭的事物，利用各種不同大小、特質不同的器材或資源回收物品再利用，如：廢輪胎、寶特瓶、水管、木板、木棒、塑膠袋、紙箱、罐子等（康惠琹，2001）。至於本章節中，主要介紹的乃是利用性的運動器材，至於一定性的運動器材則留給專業人士來為我們分工吧！這亦可謂是百工斯為備喔！

　　「幼兒體能」與「遊戲」方面的教材製作，對於教師而言不僅可行，而且是有意義的；對於幼兒而言，除了可以享受製作過程的樂趣之外，同時也能藉著已經自製完成的器材或教具，充分地運用和使用，以達到幼兒運動能力的發展與遊戲的功能。在本章節中，教材的製作與應用，其內容將以「利用性」的運動器材中之幼兒「精細動作發展」、「粗大動作發展」與「遊戲」來說明與介紹，盼望在老師專業與用心的引導之下，讓孩子擁有一個強健的體魄和歡樂的童年學習生活。

表 6-2　運動器材、種類、設備和可利用性材料

運動器材	教具種類與特性	教材設備、物品與材料
一定性	專項體能教具	如：跳箱、木梯、平衡木、平衡板、球、數字墊等
	感統教具	如：滑板、滾筒、前庭平衡機、平衡台、A 形棒、搖搖船等
利用性	資源回收再利用的教具	如：廢輪胎、寶特瓶、水管、木板、木棒、塑膠袋、紙箱、罐子等

第 三 節　　精細動作發展的多元教具

　　幼兒精細動作的發展，大多以手指間和手腕間的動作活動為主，精細動作發展的教具製作，在蒙特梭利教學法的「日常生活教育」中，特別被強調和運用，其目的乃在於提供機會，並且有技巧地訓練孩子手眼協調的能力、專注力、獨立性與秩序感。其教具的內容與活動大致包括：抓（如照片 6-1～6-3）、倒（如彩圖 6-4、6-5）、舀（如彩圖 6-6、6-7）、夾（如照片 6-8～6-10）、擠（如彩圖 6-11、6-12）、敲（如照片 6-13）、轉（如照片 6-14）、穿（如照片 6-15）、刺（如照片 6-15）、縫（如照片 6-15）等。

一、教學目的

- 訓練孩子具有生活中所需之基本精細動作的能力。
- 培養孩子獨立的精神和潛在能力。
- 訓練孩子的手眼協調能力。
- 培養孩子的秩序感。
- 訓練幼兒的專注力。
- 培養孩子負責任的態度。
- 提升幼兒對於學習的動機與興趣。
- 從幼兒本身的「工作」中，建立自信心與觀察能力。
- 幼兒握筆的預備和先前經驗。
- 培養孩子對於未來知能和藝能教育的醞釀。
- 社會性活動的培養與預備。
- 提供感覺運動的機會與練習。

表 6-3 訓練精細動作的教具種類、材料與相關事項

項目	配合設備、材料或教具	備註
抓	毛線球、櫻桃、彈珠、黃豆、綠豆	● 先提供五指抓的工作 ● 再提供三指抓的工作 ● 最後提供兩指抓的工作
倒	米、色水、茶、沙、紅豆	● 先提供固體類的工作，後提供液體類的工作
舀	紅豆、彈珠、木球、綠豆	● 可依孩子能力，設計不同難易度的工作
夾	花生、衣夾、迴紋針、筷子、葵花子	● 可依孩子能力，設計不同難易度的工作
擠	海綿、塑膠針筒、滴管	● 可依孩子能力，變化材料，提升學習效果
敲	木釘、鐵釘、木球、年輪	● 需注意其真實與安全性
穿	洞洞板、紙編、木球、項鍊	● 依孩子的能力，提供適當的工作
轉	鎖頭、瓶蓋、螺絲釘	● 可引導「轉入」、「轉出」的抽象概念
刺	簡單圖形、塑膠氣泡墊	● 所提供的刺針不宜太細
縫	袋子、口袋、鈕扣	● 工作由簡入深，逐漸導入

二、教學方式和技巧

1. 老師可以將準備好的教具，操作示範給孩子看，並且於示範教學中，盡可能保持安靜。其目的乃在於讓孩子能夠透過視覺專注地學習，待示範完畢之後，再告知孩子應注意事項或進行活動的討論。

2. 教師示範完畢後的教具，可以依序放置於教具櫃上，以便讓孩子有機會自行操作和練習。

3. 教師的示範可依照教具本身的功能、特性、幼兒先前的經驗和能力，來決

定以個別、小組或團體進行教學。

4. 教學中，老師可以告訴幼兒「工作」、材料和動作的名稱等，並請幼兒將各個名稱「小聲地跟老師說一遍」，以增進幼兒認知、常識和語文能力的發展。

5. 老師於示範中的動作，應力求緩慢、穩重、優雅和正確地操作。

6. 老師於示範教學之前，應事先檢查教具是否齊全、完整和無破損。

7. 進行示範之前，教師應對於該項教具和「工作」有所認識，並且可以於教學前，先自行操作一遍，以便對教具有所熟悉和運用。

8. 幼兒在「工作」時，若有疑問或困難時，可以請老師協助或請會的幼兒協助解決，以便完成自行選擇的工作。

9. 幼兒於「工作」環境中，老師應給予他們適當的引導和觀察。

10.教師於教學中，應多尊重孩子的想法與做法，更應該鼓勵孩子表達或呈現其創意的表現與作品，只要其行為不影響到安全性（對人、事、物）以及教具的損毀即可。

11.教具的提供應考慮到孩子的先前經驗、能力、興趣和教學目的。

12.孩子操作教具時，教師應隨時留意教具中的數量是否完整或足夠，若有需要補充時（如：紙、膠水、線……等），則應盡快增添。

照片 6-1　「五指抓毛線球」是
　　　　　精細動作訓練的一種
　　　　　活動
　　　　　（魏麗卿示範）

照片 6-2　「三指抓櫻桃」的練
　　　　　習，可以培養孩子的
　　　　　秩序感與專注力
　　　　　（魏麗卿示範）

照片 6-3　「兩指抓彈珠」教
　　　　　具，可以訓練孩子的
　　　　　精細動作發展
　　　　　（魏麗卿示範）

照片 6-8　使用筷子夾花生的練
　　　　　習，可以培養孩子的
　　　　　獨立性
　　　　　（魏麗卿示範）

照片 6-9　使用鑷子夾珍珠的教
　　　　　具設計，可以訓練孩
　　　　　子的專注力
　　　　　（魏麗卿示範）

照片 6-10　使用衣夾子來練習
　　　　　　「夾」的工作
　　　　　　（魏麗卿示範）

照片 6-13　敲木工
　　　　　（魏麗卿示範）

照片 6-14　「轉螺絲帽」的工作，可以訓
　　　　　練孩子的秩序感
　　　　　（魏麗卿示範）

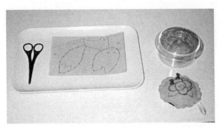

照片 6-15　提供毛線針和線，可以讓孩子
　　　　　在簡易的圖案上面進行「縫
　　　　　工」
　　　　　（魏麗卿提供）

第 四 節　粗大動作發展的創意教具

　　幼兒粗大動作的發展，大多以四肢的活動為主，其動作的發展與教具製作的內容可以包括：跳（如照片 6-17～6-19）、投（如照片 6-20）、擲、踢（如照片 6-21）、轉、爬（如照片 6-24）、跑……等。此部分教具製作的重點，乃在於可以幫助孩子在體能的發展中，有更好的平衡性、協調性、敏捷度以及柔軟性（林南風，2002）。

表 6-4　粗大動作運動的項目與內容

項目	活動內容
跑	◎ 慢跑 ◎ 快跑 ◎ 接力跑 ◎ 馬拉松跑 ◎ 障礙跑
跳	◎ 跳遠 ◎ 跳高 ◎ 撐竿跳 ◎ 跳繩 ◎ 立定跳
翻	◎ 翻筋斗 ◎ 前滾翻 ◎ 後滾翻 ◎ 側翻
走	◎ 快走 ◎ 慢走 ◎ 前走 ◎ 倒退走 ◎ 側走 ◎ 競走

☞ 跳房子 ☜

目的：

- 訓練孩子的柔軟性、敏捷性、肌力和瞬發力。
- 培養孩子對於粗大動作的訓練與發展。
- 增進孩子從活動中，學習不同的前進方式。

- 讓孩子有機會運用不同的材料與方式，體驗「跳」的樂趣。
- 思考及解決問題能力的遊戲提供。

材料：

1. 粉筆一枝
2. 扁平石片一個（可依人數與需要決定數量）
3. 皮尺一個
4. 壁報紙全開一張
5. 鉛筆一枝

製作方式與運用：

1. 教師可以依孩子的能力與需要，和他們一起討論跳格子的形狀與格子數。
2. 教師可以請孩子將討論出來的構想，用鉛筆畫在壁報紙上。
3. 教師可以帶領孩子們到戶外空曠的場地，參考壁報紙上的圖形，用粉筆在空地上畫出數個格子。
4. 當格子畫好之後，孩子可以依格子的先後次序，分別寫上端整的數字於格子內。
5. 最後，教師和孩子們決定遊戲的規則之後，就可以進行跳房子的遊戲了。

袋鼠跳 （如照片 6-19）

目的：

- 訓練孩子的平衡性、敏捷性和巧緻性。
- 訓練孩子的柔軟性、下肢肌耐力和瞬發力。
- 讓孩子參與討論和製作跳袋的樂趣。
- 培養孩子團隊合作的精神。
- 創造性遊戲的提供。
- 社會性活動的訓練。
- 提供思考及解決問題的遊戲。

材料：

1. 米袋二個（適合幼兒大小）
2. 壁報紙全開二張（可選擇不同顏色）
3. 鉛筆一枝
4. 麥克筆一枝
5. 剪刀一把
6. 雙面膠一個

製作方式與運用：

1. 老師可以和孩子進行團討、分組，決定將使用的材料與可行的製作
   方式。決定之後，老師可以引導孩子進行如何蒐集或找尋該組所要

的跳袋。

2. 老師可以請孩子用麥克筆將隊名分別寫在兩張不同顏色的壁報紙上，再用剪刀將之剪下來，並且使用雙面膠將之黏貼於跳袋的上方。

3. 接下來，老師可以請孩子畫出各組別象徵性的圖案，並用剪刀將之剪下來，再使用雙面膠將之黏貼於隊名的下方，以增添跳袋的創意性與吸引力。

4. 完成跳袋後，老師可以和孩子討論遊戲的規則，並且將之訂定和寫下來。

5. 老師可以示範和說明，該如何進行袋鼠跳的活動，並且邀請孩子們一起參與。

☞ 投竹圈 ☜（如照片 6-20）

◯ 目的：

● 訓練孩子的柔軟性、肌力和瞬發力。

● 培養和訓練孩子手眼協調的能力。

● 促進並提升孩子對於粗大動作的發展與活動。

● 增進孩子的觀察能力。

● 增進孩子對於距離與空間的體驗和控制。

◯ 材料：

1. 木板一塊（長寬各約 30 公分）

2. 黑色麥克筆一枝

3. 尺一把

4. 空心竹子二根（可依竹圈多寡決定數量）

5. 柴刀一把

6. 砧板一個

7. 竹籃子一個

製作方式與運用：

1. 老師可和孩子討論並詢問孩子，希望在木板上畫出多少個方格子。

2. 老師可以依孩子的能力和經驗，並且參考孩子的決議，將適當的格子數量畫在木板上。

3. 老師可以請孩子協助格子的繪畫，以尺測量，並用黑色麥克筆畫出整齊的格子來，且於每個格子中寫上數字（可依孩子的能力決定）。

4. 接下來，老師可以拿出空心的竹子，請孩子參與，用尺測量出數段等距，並用黑筆做記號。

5. 老師此時可以請孩子觀察，老師是如何將已做好記號的竹子放在砧板上，用柴刀一節一節地分割開來。

6. 完成之後的竹圈，老師可以請孩子一一地放入竹籃內。

7. 老師開始示範「投竹圈」的活動：老師從竹籃子裡拿起一個竹圈，並且在一定的距離內，投擲到木板上的數字「3」之後，便告訴孩子「我把竹圈投擲到『3』的格子內了」。

8. 孩子知道如何使用該項教具後，可以請孩子依序參與此活動。

踢毽子 （如照片 6-21）

目的：

- 訓練孩子的平衡性、敏捷性和巧緻性。
- 訓練孩子的柔軟性、下肢肌耐力和瞬發力。
- 讓孩子參與製作毽子的樂趣。
- 培養孩子學習與思考的機會。

材料：

1. 雞毛五根（可依毽子大小決定數量）
2. 橡皮筋一條
3. 圓形銅板一個
4. 塑膠袋一個
5. 剪刀一把
6. 筆一枝

製作方式與運用：

1. 老師在製作毽子之前可以和孩子團討，期望以何種材料來製作毽子（如：雞毛、孔雀羽毛或塑膠袋細條……等），並請孩子說明想法和原因。
2. 當材料決定之後，老師可以請孩子蒐集並攜帶相關物品至教室內，並示範如何製作。

3. 老師首先可以請孩子將圓形銅板放在塑膠袋上，用筆描繪出一個圓形（可比原來銅板大一倍的尺寸），再依孩子的能力，請其沿著線將之剪下來。

4. 老師可以請孩子參與，將雞毛用手固定，放置於銅板上面；再用已剪好的圓形塑膠膜，將銅板和雞毛一起包緊，並用橡皮筋固定拉緊，至此便大功告成了。

5. 完成之後，老師可以請孩子說明製作之前、中、後的感想。

6. 老師自行示範或請孩子示範，如何使用毽子和踢毽子。

協力走（如照片 6-22）

目的：

- 訓練孩子的平衡性、巧緻性、柔軟性和肌耐力。
- 讓孩子參與製作的樂趣。
- 讓孩子體會回收物品的可利用價值。
- 培養孩子社會性行為的發展。
- 培養孩子團隊合作的精神。

材料：

- 過期報紙二大張（一組一大張；可依組隊數量決定報紙張數）
- 尺一把
- 美工刀一把
- 筆一枝

製作方式與運用：

1. 老師可以協助孩子分組，並討論出組別數量。

2. 老師可以請各組的孩子一起參與此教具的製作，在孩子們親自動手製作之前，老師可以先行示範一遍給小朋友們看。

3. 老師首先將一大張報紙打開，平放在桌上，在報紙左頁的中間處，使用尺測量，用筆畫出約二十公分長，再用美工刀將之小心割開。

4. 相同的方式，在報紙右頁的中間，使用尺測量，用筆畫出約二十公分長，再用美工刀將之小心割開。

5. 完成後的報紙上，有兩個大洞口，此時老師可以請兩位孩子出來示範，如何將頭部套在報紙上的兩個大洞口內，再一起前進行走。

6. 當孩子了解活動的方式後，老師可以和孩子共同討論遊戲規則。

7. 此時，老師可以協助孩子們一起進行活動。

8. 此活動除了前進行走之外，也可以用後退步行和側行的方式來進行，以挑戰孩子的運動能力並增進孩子活動時的樂趣。

☞ 蘿蔔蹲 ☜ （如照片 6-23）

目的：

- 訓練孩子的平衡性、敏捷性和巧緻性。
- 訓練孩子的柔軟性、下肢肌耐力和瞬發力。
- 提供機會，讓孩子體會參與製作的樂趣。
- 培養孩子團隊合作的精神。

◎ 培養孩子社會性行為的發展。

◎ 增進幼兒語文表達的能力。

◎ 提升孩子製作教具的創意性。

材料：

1. 西卡紙數張（可依人數決定張數）

2. 粉彩紙數張（多種顏色；可依人數決定張數）

3. 膠帶一捲

4. 膠水一瓶

5. 剪刀一把

6. 筆一枝

7. 布尺一個

製作方式與運用：

1. 老師先請孩子們決定組數，再請孩子們自行尋找並且組合成員。

2. 老師請孩子們透過與組員的討論，決定組別的名稱與「創意頭套」的數量。

3. 由老師示範，讓全體孩子們了解「創意頭套」的製作過程。

4. 老師用布尺測量孩子的頭圍寬度，將所得到的數據用筆畫在西卡紙上面，另需留寬度約五公分左右，再將西卡紙用剪刀剪下，成一長條狀，並用膠帶將兩端黏貼起來，成為一圓形體。

5. 接下來，老師可以在粉彩紙上畫出動物造型，並將之黏貼於已經自製完成的圓形體上，有如「動物皇冠」般的創意頭套，就呈現於眼前了。

6. 老師可以示範如何戴上頭套，並說明其在遊戲活動中所扮演的角色和功用。

7. 此時，孩子們可以開始與組員一起製作該組的動物頭套了。老師此時則可對於各組製作情形進行觀察，並給予協助和引導。

8. 各組完成之後的頭套，老師可以請孩子們戴上，並且說明遊戲的方式與規則。

9. 老師可以先說出：「小白兔蹲，小白兔蹲，小白兔蹲完，換小狗蹲」。

10. 頭上戴著小狗頭套的組員則說：「小狗蹲，小狗蹲，小狗蹲完，換青蛙蹲」。以此方式，繼續有節奏性和重複性地玩下去，直到有組員未能及時接上或停止做出「蹲」的動作。

👆 爬行前進 👆（如照片 6-24）

💡 目的：

● 訓練孩子的平衡性、柔軟性和四肢肌耐力。

● 培養孩子敏銳的觀察和辨別能力。

● 讓孩子從遊戲與體能中，學習配對的能力。

● 提升孩子對於自己身體控制的能力。

● 從體能遊戲中，學習辨別左手、右手、左腳和右腳的能力。

● 提升孩子於遊戲中，思考問題和解決問題的能力。

材料：

1. 長條紙一大張（寬約 60 公分，長約 180 公分）
2. 粉彩紙數張（多種顏色）
3. 膠水一瓶
4. 麥克筆一枝
5. 尺一把
6. 剪刀一把
7. 護貝膠膜數張

製作方式與運用：

1. 老師請孩子將自己的腳印（左腳和右腳）和手印（左手和右手），準確地用鉛筆描繪在粉彩紙上面，再用剪刀將之剪下來。
2. 老師協助孩子將長條大張紙平放在地上，並用尺測量寬度，在中間畫一長條中間線，分隔左、右兩側。
3. 老師請孩子將已經剪下來的手腳圖案，分別黏貼於長條紙上面的左、右兩側，並可以提示孩子該如何擺放其方向與適當距離，方能益於爬行。
4. 完成黏貼後的作品，老師可以請孩子協助，用護貝膠膜將教具護貝起來，以保持其清潔性和持久耐用性。
5. 此時，老師可以說明並且邀請孩子參與示範如何使用教具。
6. 老師請孩子站在腳印上面，接著提醒孩子若要前進時，需要尋找何種圖案與自己的手、腳做配對，方能前行。
7. 當一位孩子完成此活動時，另一位孩子可以接著繼續活動。

打保齡球 （如彩圖 6-25）

目的：

- 訓練孩子的平衡性、柔軟性、肌耐力和瞬發力。
- 增進孩子體能遊戲的樂趣。
- 促進孩子對於自己身體和手的協調與控制能力。
- 培養孩子敏銳的觀察能力和專注力。

材料：

1. 寶特瓶十個（相同大小）
2. 廣告顏料一盒
3. 水彩筆一枝
4. 足球一個
5. 美工刀一把

製作方式與運用：

1. 老師首先將寶特瓶外的塑膠包裝用刀片去除後，再將瓶子分給孩子們協助參與瓶身的彩繪活動。
2. 老師可以先行示範一個寶特瓶的彩繪過程，再請孩子進行操作。
3. 當完成十個寶特瓶的彩繪之後，可以請孩子將瓶子放置於通風處，待彩繪之漆乾時，即可以使用了。
4. 老師示範如何將十個寶特瓶（即保齡球球瓶）排成一個三角形狀，

再從適當的位置，將手中的球推向保齡球球瓶，然後數算被推倒的球瓶數量。

5. 老師可以和孩子一起討論推球的距離，或是決定遊戲活動的規則，再進行此活動。

6. 當孩子了解之後，老師便可以請孩子們參與此活動了。

照片 6-17　在寬廣的地面上，設計出以數字為順序的「跳房子」圖形

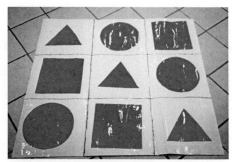

照片 6-18　以不同形狀的圖形，製作跳格子的遊戲
（康寧護專　學生製作）

照片 6-19　為了增加遊戲的趣味性，且易於辨別隊別，可以在袋鼠跳的袋子上標示文字或圖形
（明新科大　學生示範，陳欣宜製作）

照片 6-20　以竹圈所做成的教具，可以運用在粗大動作「投」的訓練與「數字」遊戲的結合
　　　　　（攝於新竹慈幼週教保主題展覽）

照片 6-21　簡易毽子的製作
　　　　　（明新科大　學生製作）

照片 6-22　一張報紙挖兩個洞，也可以讓孩子在有趣的遊戲中，訓練其粗大動作的發展
　　　　　（元智大學　學生示範與製作）

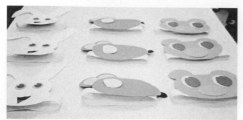

照片 6-23　不同造型的頭帽，在小組遊戲時可
　　　　　用於辨識組別，並且增添遊戲時的
　　　　　趣味性
　　　　　（明新科大　學生製作）

照片 6-24　將孩子的手印與腳印，描印
　　　　　在長條紙上時，就可以拿來
　　　　　當作練習「爬」與「配對」
　　　　　的教具了
　　　　　（明新科大　詹玫珊製作）

照片 6-26　練習行走的活動，可以配合著認識地圖的方式
　　　　　來進行，除了聽口令走到目的地之外，也可以
　　　　　練習認字（如：文字卡上書寫著圖書館、醫院
　　　　　和學校等）
　　　　　（明新科大　學生示範與製作）

第 七 章
藝能教育的
　　教具製作與應用
Arts

第 一 節　　藝能教育的意義與內容

　　「藝能教育」廣義的解釋乃是和藝術能力相關領域的教育，可以含括：音樂、舞蹈、律動、美術、手工藝和戲劇等內容。綜觀國內外的教育，皆不難見到將藝能教育列入課程活動內容中，例如：音樂課的安排、體能課程中有舞蹈和韻律活動的設計、美術課程中教導孩子各式各樣的繪畫呈現、家政與工藝課程中教導多元手工藝的學習或創作，與學校活動中各式各樣的戲劇表演等，皆是當代藝能教育中可以見到的「景觀」。

　　藝術是幼兒教育的基本要素，因此，務必要在幼兒的早期發展時，就精心設計幼兒的藝術經驗，以便增進和提升孩子的藝術知能（魏麗卿等譯，2004）。除此之外，藝術也提供了一個跨文化和地域的溝通方式。多元文化教育（multicultural education）的教學內容通常包括了種族、價值觀、教養方式、食物和服裝等；音樂、畫畫、舞蹈和戲劇通常可以提供一個機會和途徑，讓人們去欣賞和了解他人，甚至幫助我們了解彼此的差異性與共同點（魏麗卿等譯，2004）。

　　藝能教育的引導與教學，除了可以讓孩子們在園所內或學校內進行之外，同時，也可以讓孩子們將所學到的藝能教育，呈現或展示於社區的活動中。例如：教師可以帶領孩子們到醫院、養老院、社區廣場等地方，進行音樂、舞蹈、律動或戲劇的表演；也可以將孩子們平日的藝術作品，展示於購物商場、文化中心、圖書館、公園內，以供觀賞。而教師若能有計畫地配合課程來規劃與進行這些活動，並且盡可能在取材方面，能夠運用社區內的資源（如：演唱客家歌謠時，製作且穿戴象徵客家文化的物品），透過教學，將孩子們所學的再回歸於社區，不僅能讓孩子學習到如何關懷社會、回饋社會，相信也能讓孩子學習到與社會互動的方式，並增強其學習的自信心喔！

　　對於幼兒而言，藝能教育是其學習和成長過程中不可輕忽的一環，也是一種個人化的溝通方式，因此，藝能教育可以說是奠定孩子未來人格、身心靈發展的基礎。音樂、舞蹈、律動、繪畫、手工藝和戲劇等內容的接觸與學習，是有其深度和廣度的，在教導幼兒時，則應先行了解孩子的先前經驗、發展、能力和興趣，方能因材施教，開啟幼兒那一扇「獨特」的藝能之窗。教師應該提供給孩子一種表達獨特想法的機會，「老師所扮演的角色，並非主導著創作的過程，而是對於每一位孩子的創作應該表示出重視，由內心所發出來的敬佩，並且讓孩子有機會以其自認為適當之方式來進行藝術的探索與實驗。我們要相信，孩子是有能力的，他們會以許多合併的材料，呈現出他們的創作，而這樣的作品可能是老師從未想像過的方式，或是出乎老師意料之外的組合喔！因此，在孩子創作的過程中，老師可以引導問題的方式，來協助他們思考任何有可能運用在創作中，新的技巧與能力的發揮」（魏麗卿等譯，2004，122頁）。

　　對於藝能教育的意義與內涵，筆者之拙見稱它為：人類品德陶冶的營養劑、知能提升的催化劑、強身延壽的妙計、廣結志同道合者的長遠之策，和

真、善、美的呈現。

第 二 節　　樂器的自製與應用

　　「音樂的要素包含：聽音、歌唱，及利用樂器和律動來創作音樂」（廖美瑩等譯，2004，168頁）。音樂教育的教學目標乃在於「增進幼兒身心的均衡發展、激發幼兒愛好音樂的興趣、培養幼兒音樂的基本能力，與發展幼兒親愛、合作、快樂、活潑的精神」（教育部，1987）。教育部於幼稚園課程標準中，提到音樂教育的範圍可包括：唱遊、韻律、欣賞和節奏樂器等四大類，於每一類別中，皆有其內容、實施方法與實施要點；至於節奏樂器部分的內容則可包括：(1)敲打節奏樂器；(2)敲打克難樂器；(3)小樂隊合奏。

　　由上可知，音樂教育對於幼兒的學習與成長是重要的，也是必要的。因此，老師在教導幼兒音樂教育時，應力求將音樂教育範圍廣及化與多元化，可以將音樂課程內容設計包含如：唱游、韻律、欣賞和樂器演奏等。而音樂教具的製作與運用，則可以協助孩子在音樂的學習過程中，將抽象的音樂概念化為具體的呈現，並且使其對於音樂的體驗和感受，更具有趣味性和美好的回憶。

　　在本章節裡，將呈現和說明幼兒音樂教育中，音樂教具的製作與運用如何融入音樂教學課程中，讓孩子能夠從中體驗音樂與人生微妙的關係，並且對於音樂所呈現的「美」與「真」，留下童年的歡樂音樂時光。在教具的製作與應用方面，將提供克難樂器的製作和教學，例如：自製鼓、手搖鈴和沙鈴等。

表 7-1　音樂教育中，節奏樂器的內容

種類	特性	樂器
敲打節奏樂器	◎ 利用各種不同的打擊樂器來敲打。 ◎ 培養幼兒的節奏感。 ◎ 讓幼兒學習輪流、等待和愛惜樂器的習慣。	◎ 三角鐵 ◎ 鈴鼓 ◎ 響板 ◎ 小鼓 ◎ 大鼓 ◎ 木魚 ◎ 小鐘 ◎ 串鈴 ◎ 小鈴 ◎ 鈸
敲打克難樂器	◎ 利用與節奏樂器相似的音響物。 ◎ 利用資源回收後再使用，所自製的樂器可供敲打使用。	◎ 自製鼓 ◎ 自製鈴鼓 ◎ 自製響板
小樂隊合奏	◎ 可以組成小樂隊來合奏。 ◎ 培養幼兒團隊的精神。 ◎ 滿足團體合奏的樂趣。	◎ 絃樂合奏 ◎ 管樂合奏 ◎ 管絃樂合奏

☞ 自製鼓 ☜

目的：

- 引導孩子對於樂器的認識。
- 增進孩子對於樂器功能的了解。
- 讓孩子體驗製作樂器的樂趣。
- 培養孩子愛惜樂器的習慣。

材料：

1. 圓形中空筒罐一個（可自行決定大小與材質，但勿選用玻璃等類的易碎物品）
2. 皮革一塊（布亦可）
3. 繩子一條
4. 筆一枝
5. 剪刀一把

製作方式與運用：

1. 老師可以先行示範給孩子們看，如何製作「鼓」。
2. 老師可以請孩子參與並且協助，將圓形筒罐放在皮革上，用鉛筆畫出其圓周。
3. 老師可以教導孩子在圓周之外的皮革預留些空間，以便作為固定和綑綁之用。
4. 當皮革的圓周畫好之後，老師可以請孩子用剪刀小心地將圓形皮革剪下來。
5. 老師將孩子剪下來的皮革，平放在圓形筒罐上面，將其往下拉緊，再用繩子固定和綑綁即可。
6. 完成後的鼓，老師可以示範如何使用，並請孩子操作。
7. 老師也可以請孩子從家中攜帶相關的材料到教室內，製作各式各樣不同的鼓。
8. 完成後的鼓則可以依序整齊地放置於音樂區，當音樂課程中有唱歌、跳舞、欣賞音樂或打擊活動的時候，皆可以適當地運用此樂器。

手搖鈴的製作

目的：

- 提升幼兒對於不同樂器使用的認知與能力。
- 讓孩子體驗製作樂器的樂趣。
- 引導孩子對於樂器的認識。
- 增進孩子對於樂器功能的了解。
- 培養孩子愛惜樂器的習慣。

材料：

1. 鈴鐺六個（可依音量大小與高低來決定數量）
2. 毛線一條
3. 皮帶一條
4. 剪刀一把
5. 膠帶一捲

製作方式與運用：

1. 老師可以將皮帶放置於面前，再請孩子將每個鈴鐺用毛線穿過洞口；接著，藉由皮帶上已有的小洞口之便，將毛線通過皮帶洞口，並且將之懸綁於皮帶的內側。綁好後即可見到鈴鐺附著於皮帶上面，並且可以發出聲音。
2. 依相同方式，老師可以請孩子參與協助。

3. 待完成所有鈴鐺的懸掛之後，老師可以示範給孩子看，如何將皮帶的兩側用膠帶固定起來，以便使用時可以手持之。

4. 當製作完成時，老師可以示範如何使用手搖鈴，並且請孩子親自操作，同時感受音樂的節奏與樂器的使用。

5. 老師也可以請孩子從家中攜帶相關的材料到教室內，進行各式各樣不同手搖鈴的製作。

6. 完成後的手搖鈴，老師可以依序整齊地將之懸掛於音樂區域內，讓孩子便於取拿和使用。當音樂課程中有唱歌、跳舞、欣賞音樂或打擊活動的時候，則可以適當地運用這些樂器了。

自製沙鈴

目的：

- 提升孩子對於樂器種類的認識與喜愛。
- 引導幼兒正確使用樂器的能力。
- 讓孩子體驗製作樂器的樂趣。
- 增進孩子對於樂器功能的了解。
- 培養孩子愛惜樂器的習慣。

材料：

1. 小塑膠瓶二個
2. 寬面膠帶一捲
3. 西卡紙一張

4. 剪刀一把

5. 小碎石（可依音量大小與高低來決定數量）

6. 小迴紋針數個（可依音量大小與高低來決定數量）

💡 製作方式與運用：

1. 老師將所有材料整齊有序地排放於面前，再進行示範教學。

2. 老師可以請孩子協助參與示範，將小碎石放入一個小塑膠瓶內，再將小迴紋針數個放入另外一個小塑膠瓶內。

3. 接下來，老師示範給孩子看，如何將小瓶口用紙和膠帶密封起來。

4. 當製作完成時，老師可以示範如何使用沙鈴，並且請孩子親自操作與感受沙鈴所發出來的節奏與韻動感。

5. 當孩子們了解製作的過程後，老師可以請孩子們從居家環境中找尋並且攜帶相關的材料到教室內，進行各式各樣不同的沙鈴製作。

6. 製作完成後的沙鈴，老師可以請孩子們小心整齊地將之放入固定的竹籃內，並且擺放在音樂角落裡，以便讓孩子容易取拿和使用。每當音樂課程中有唱歌、跳舞、欣賞音樂或打擊活動的時候，則可以好好地加以運用。

照片 7-1　以鋁罐製成的鼓（左側），以及利用塑膠
　　　　　瓶內置入不同的物體，讓其在搖晃時能夠
　　　　　發出不同聲響的沙鈴（右側）
　　　　　（康寧護專　學生製作）

照片 7-2　製作完成的沙鈴（左側）和手搖鈴（右側）
　　　　　（康寧護專　學生製作）

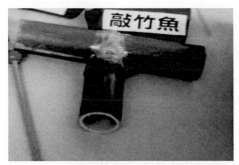

照片 7-4　兩個圓筒狀竹子所製成的敲打樂器
　　　　　（攝於新竹慈幼週教保主題展覽）

照片 7-5　由木條所製作組成的節奏敲打樂器
　　　　　（攝於新竹慈幼週教保主題展覽）

第 三 節　　舞蹈和律動的道具自製與應用

　　在幼兒教育中，「舞蹈」和「律動」可以說是藝能教育中，不可缺少的一環，而「舞蹈」和「律動」除了運用身體的肢體移動之外，也可以使用與活動相關的道具，以增添舞蹈和律動時的吸引力、創意性、實用性、趣味性與展現效果。本章節中，將針對幼兒教育中的舞蹈和律動來說明，並且呈現其教學目的、可以提供於活動中的教具或道具的種類，以及和活動相關的教學方式與技巧。

一、教學的目的

- 培養孩子對於「舞蹈」和「律動」的興趣。
- 增進幼兒對於舞蹈和律動的喜愛。
- 促進幼兒對於藝術教育的薰陶。
- 提升孩子創意能力與想像力的發揮。
- 提供機會，讓孩子透過肢體表達其內心世界。
- 訓練幼兒潛力的發揮。
- 讓孩子透過自身的探索，從舞蹈中展現其特質。
- 讓孩子體驗肢體的控制感與美學的結合。
- 引導孩子了解製作道具的樂趣。
- 增進孩子理解道具於舞蹈和律動中所扮演的角色與功能。

二、教學方式和技巧

1. 老師可以團體或小組的方式來進行教學，若有需要特別協助或引導的孩

表 7-2   自製舞蹈和律動教具的種類、材料與相關事項

種類	可用材料	備註
舞蹈服裝	● 各類可製作衣服的布料。 ● 可蒐集各國的衣服。 ● 長條的大毛巾。 ● 大號的布袋、塑膠袋等。 ● 資源回收後再利用的各類布料。 ● 裝飾時可用的物品，如：亮片、葉子、光碟片、軟片盒等。 ● 沙網、漁網、絲網、緞帶等的運用。	● 可利用資源回收站找到所需的物品。 ● 老師可以請孩子、家長一起蒐集所需的物品。 ● 老師可於教室內設一個物品回收處。 ● 材料的使用應盡可能以資源回收物品為主。 ● 所需設備：針、線、剪刀、縫紉機、訂書機、膠帶等。
頭套	● 各種材質的帽子。 ● 紙盒子。 ● 過期報紙。 ● 西卡紙。 ● 假髮。	● 可創意造型，亦可參考動物或人物造型設計。 ● 頭套的大小與重量均應適中，切勿過重。 ● 所需設備：皮尺、訂書機、膠帶、膠水、剪刀、色紙、色筆、麥克筆等。
簾幕	● 大塊絨布。 ● 大塊黑布。 ● 大型紙箱子。 ● 氣球。 ● 乾冰。 ● 人群。 ● 樹木。	● 可依活動的性質與大小，決定簾幕的材料與大小。 ● 等待下一個場景、活動與遮掩之用。 ● 所需設備：竹竿、皮尺、訂書機、氣球、膠水、剪刀、繩子、膠帶等。
道具	● 彩色緞帶、絲帶。 ● 啦啦隊球。 ● 棒子。 ● 呼拉圈。 ● 面具。 ● 投圈套。 ● 鑽籠。	● 須注意其使用時的安全性。 ● 孩子使用的大小應力求方便。 ● 以隨手可得之物品為佳。 ● 平常即可蒐集。

子，則可以個別方式來協助。

2. 教學中，老師對於所教的內容應十分熟悉，並對於孩子的學習要由淺入深地導入。

3. 活動之前，老師可以將相關的教具、道具或場地檢視一遍，以確定教學時能夠呈現其完整性和安全性。

4. 在教學的技巧上，老師應盡可能以鼓勵與肯定的態度來引導、協助孩子的學習。

5. 教師對於幼兒的創意表現，應給予尊重和肯定。

6. 教師應給予孩子足夠的時間和空間來演練所習得的藝能。

7. 教師須讓孩子有思考、創意表現的機會。

8. 老師的課程設計與內容應配合孩子的能力與發展。

9. 教師的教學方式，也可以運用孩子們已熟悉的故事內容，提供機會並引導孩子們「化文字為行動」，將故事內容配合舞蹈或戲劇，舞出孩子們廣闊的天地，演出他們富有想像的空間和自信。

10.教導孩子們認識各國不同的舞蹈與律動的方式。

11.可以將孩子從自製道具到演出呈現的方式，以相機、錄影機、錄音機來記錄孩子的點點滴滴。

第 四 節　　不同材質的美術創作

　　美術教育可以培養幼兒對於「美學」的欣賞、思考、判斷、創造與需要，範圍包括：繪畫、紙工、雕塑和工藝。繪畫的內容可包含：自由畫、合作畫、故事畫、混合畫、圖案畫、顏色遊戲畫和版畫；紙工的內容則包括：剪貼工、撕紙工、摺紙工、紙條工、紙漿工、廢紙工和造型設計；雕塑的內容可以包

含：泥工、沙箱、積木和雕塑；工藝部分的內容則包含：木工、縫紉和廢物利用工等（教育部，1987）。因此，老師在規劃美術課程時，可以將教學的內容趨向更多元化和活潑化，並且盡可能提供給孩子不同創作的題材、主題與材料，讓孩子能夠盡其所能地發揮與創作。

在本章節中，將針對以上的內容加以說明其教學的重點、方法與運用。

表 7-3　美術教育的教學範圍、內容與方式

範圍	內容	教學重點、方式與運用
繪畫	自由畫	◉ 可於戶外參觀或教學之後，請孩子用蠟筆、水彩、粉筆，在紙上或黑板上盡其所思、所能，自由表現地畫出來。 ◉ 可請孩子分享其作品。
	合作畫	◉ 幼兒共同決定主題、題材與設計畫面，使用大張的紙張，再以小組的方式進行分工合作的繪畫。 ◉ 可請孩子分享其作品與作畫心得。
	故事畫	◉ 請幼兒將已熟悉的故事內容，以若干段落、重點內容分別作畫，老師再將其集結成故事畫。 ◉ 可將故事畫放置於「圖書角」或「美勞角」，以供孩子翻閱。
	混合畫	◉ 使用各種不同畫筆作畫，如：蠟筆畫魚、粉蠟筆畫雲彩、水彩塗底等。 ◉ 混合的方式，可先由簡單再到多元。
	圖案畫	◉ 以相同或不同的圖形組合。 ◉ 利用線條或圖形，自由交叉組合。 ◉ 以不同的顏色畫出圖案。
	版畫	◉ 利用紙張、木板、塑膠片、玻璃、實物等製成版，再拓（壓）印成版畫。
	顏色遊戲畫	◉ 以不同的顏料和畫筆作畫，如：吹畫、刮畫、滾畫、染畫、線畫、對襯畫、印畫、油漆畫等。
紙工	剪貼工	◉ 用紙剪成各種圖形，貼成畫面。 ◉ 老師可以準備不同材質的紙張。
	撕紙工	◉ 用紙撕成各種形狀，貼成畫面。 ◉ 老師可以提供不同材質的紙張。

（續下表）

範圍	內容	教學重點、方式與運用
紙工	摺紙工	● 用紙張摺成各種形狀，可作為欣賞或遊戲之用。
	紙條工	● 利用紙條的捲、摺，穿插編織製作成各種立體造型。
	紙漿工	● 使用衛生紙、報紙、毛邊紙等，泡水軟化、分解後，加以攪和；接著擰乾水分加入漿糊或樹脂，即可塑造不同的創意造型。
	廢紙工	● 蒐集不同的包裝紙、塑膠盒、紙盒、紙口袋、舊信封袋等，製作手套玩偶及各種手工藝。
	造型設計	● 將紙任意切割、摺疊成圖案及造型，由各種造型再組合成一個大主題。
雕塑	泥工	● 利用陶土（黏土）、油土（塑膠泥）、麵粉糰等，讓幼兒塑成各種大小模型。 ● 應注意材料的清潔與對於幼兒的安全性。
	沙箱	● 白沙加上各種玩具雜物或工作成品，設計布置庭院、高山、水池、交通要道等。
	積木	● 大、小積木的搭建與組合，可堆成不同造型或簡單的形體出來，亦可配合其他的玩具一起使用，如：小汽車、小房子、小家具、小動物等。 ● 老師亦可提供不同材質的長方體或立方體來當積木使用，如：面紙盒、紙餅乾盒、鞋盒等。
	雕塑	● 在肥皂、蘿蔔、番薯或軟木上雕塑花紋。 ● 亦可作烙印之畫。 ● 教師應確定孩子是否已具有手部精細動作的能力。
工藝	木工	● 使用木條、木片、木柱等，自由黏貼或釘牢成立體模型和玩具。 ● 木工器具須符合幼兒大小的尺寸，方提供之。 ● 此工作可設置於教室外或遠離圖書角。 ● 老師可提供工作服（圍兜），讓孩子工作時可穿著。 ● 教師應留意孩子是否正確並恰當地使用工具。
	縫紉	● 初學者可用較大的針穿上毛線，在特製的縫紙上練習。 ● 應了解孩子的能力、發展與學習經驗，再提供適當的縫紉工作。 ● 縫工的提供，應從簡易的工作開始，再依孩子的能力，漸進提升難度。
	廢物利用工	● 利用各種資源回收物品，製作各種造型的手工藝及克難樂器。 ● 須將所蒐集到的物品加以清洗和分類，並做有系統的歸位與整理。 ● 物品分類後，須標示種類名稱，如：布類、塑膠類、紙類等。

照片 7-7　以紙盒為主，用創意巧拼而成的小火車
（康寧護專　陳秋玲製作）

照片 7-11⑴　美勞製作書的封面
（明新科大　學生製作）

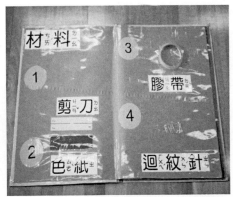

照片 7-11⑵　美勞製作書的內頁，將製作過
程中的真實材料黏貼於書內，
以供孩子製作作品時參考

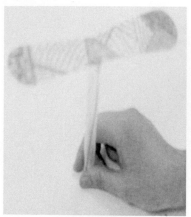

照片 7-12　以吸管和硬卡紙做成的簡
　　　　　易蜻蜓
　　　　　（明新科大　學生製作）

照片 7-13　以紙做成的風車
　　　　　（明新科大　學生製作）

照片 7-14　　預備各種不同難易度的紙上線條，讓孩
　　　　　　子們練習剪紙

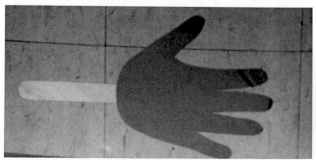

照片 7-17　描繪手形與剪貼工

照片 7-21 以瓦楞紙黏貼而成的立體
迷宮，不僅是一種美勞成
品，也可放彈珠於內滾
動，增添幼兒手眼協調的
練習機會
（明新科大 學生製作）

照片 7-23 在椰子殼上也可以書寫和繪畫

照片 7-24 以數個長條、扁平狀竹
子薄片，縱向排列所組
成的竹籬笆
（攝於新竹慈幼週教保
主題展覽）

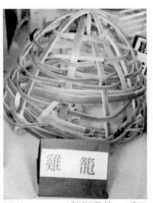

照片 7-25 以數個長條、扁平
狀竹子薄片，橫向
穿梭圍繞排列所組
成的雞籠
（攝於新竹慈幼週
教保主題展覽）

第五節　戲劇介紹與教具製作應用

　　幼兒戲劇教育的意義，「並不在於要求專業精準的表演，而是在創造思考、創作能力和表達能力的啟發，幫助幼兒發揮潛能，並且透過認識戲劇的製作過程，進而學習欣賞戲劇藝術，培養幼兒的審美能力」（黃郇媖，2002）。Fisher（1991）亦曾提到：「孩子的學習方式是將學習內容與發展主題，統整在戲劇扮演的情境中，自然學習的條件，是讓孩子在非競爭性的戲劇扮演情境下做選擇。孩子運用他們所知的讀寫概念，在他們認為完整、有意義、有興趣和有用的社會情境下，透過交談、扮演，擴展了他們的知識領域。」由此可見，戲劇在幼兒的學習與成長中扮演著重要的角色，它或許會讓成長中的孩子感受到「學習」與「實際生活」之間似乎存在著「有點黏，又不會太黏」的空間與距離吧！

　　幼兒戲劇的種類，可分為「傳統性戲劇」與「創造性戲劇」。所謂「傳統性戲劇」，並非如京劇、歌劇、歌仔戲等傳統戲曲的表演藝術，而是指演出前會有撰寫好的劇本，並且有固定的表演形式，演員按照劇本和導演的要求揣摩及詮釋角色的性格，並與舞台工作人員一起配合完成演出。幼兒觀賞的傳統性戲劇主要有「兒童劇場」和「偶劇」。「兒童劇場」的表演方式是多元的，可以藉由歌舞劇、默劇、話劇等不同的形式來呈現，也可以由真人和偶同台演出，或以偶劇的形式來表現（黃郇媖，2002）。「偶劇」一直是非常受歡迎的一種戲劇形式，特別是對於學齡前充滿想像力的幼兒而言，「偶」不但能做到一些真實人物無法達成的動作，再加上幼兒把萬物都看待成與自己一樣具有生命的實體，因此，利用「偶」也最常被運用來作為故事表達或教學運用的媒介。

依照「偶」的操作與製作方式來分類，可分為套偶、線偶、杖偶和影偶等四大類。本章節中的教具製作與應用，將針對此四大類的教具來加以說明與呈現。

在教學的過程中，選擇一個適當的戲劇表演情境，也是有其方法與重點的。科德維用「發展性的」或「生產性的」課程，來描述與「自然學習模式」非常相近的課程，其中提到戲劇扮演情境是以四種主要的方式產生（Fisher, 1991）：

● 自由遊戲與孩子的興趣所在。

● 從一個戲劇扮演情境衍生至另一個情境。

● 全班共同選擇一個主題。

● 老師的選擇。

因此，老師在戲劇的教學中所要把握的重點，除了對於戲劇意涵的了解之外，戲劇的種類、呈現的方式、扮演情境的產生與靈活的教學運用，皆是需要被重視與考量的一環。

表 7-4　「偶」的種類、製作、操作方式與教學運用

種類	製作與操作方式	教學運用
套偶	<ul><li>將偶「套」在肢體上（局部或全部）。</li><li>將偶「罩」在操作者身上。</li><li>將偶「套」在手指的「手指偶」。</li><li>利用「手掌操控」偶的「掌中戲偶」。</li><li>將整個人或半個人「穿套」在偶裡面的「人偶」。</li></ul>	<ul><li>利用「手指偶」說故事。</li><li>「布袋戲」的手掌操控演出。</li><li>七爺八爺的「全身套人偶」製作。</li><li>新郎倌騎馬的「半身套人偶」創作。</li></ul>
線偶	<ul><li>其操作與偶身上線數多寡有關，故又稱「懸絲偶」。</li><li>能夠最有效模仿出真人的動作。</li><li>線愈多，偶做的動作複雜度愈高。</li><li>臉部雕工極像真人，身上的動作也與真人相仿。</li></ul>	<ul><li>可將童書中的情節與人物，以「線偶」演出。</li><li>師生共製「線偶」。</li><li>在民間活動中，部分線偶會出現在特別的宗教祭典儀式上，如：「跳鍾魁」。</li><li>可與社區活動或資源，相互配合與結合教學。</li></ul>
杖偶	<ul><li>又稱為「撐竿偶」。</li><li>利用杖或竿子作為操作偶的支撐。</li><li>代替杖或竿子的物品，可以多元化，如：雨傘、球拍、球棒……等。</li><li>偶的圖片製作，可以過期的書報、雜誌、廣告單等再使用，增加其創意性。</li></ul>	<ul><li>師生共同創作演出。</li><li>可依主題教學之需要，與課程結合，提供杖偶製作的教學。</li></ul>
影偶	<ul><li>又稱為「皮影戲」。</li><li>傳統的製作方式：利用硝製刮平的驢皮、牛皮或羊皮，進行雕鏤、敷色、燙平、裝訂等程序，製成半透光的戲偶，再透過光影來呈現偶的形象與動作；演出時，僅以側面的方式呈現，以便於觀眾清楚看見。</li><li>當今的製作方式：利用手或身體的動作；或以幻燈機、投影機，配合著光與影子的變化來呈現。</li></ul>	<ul><li>可配合教學過程中的需要，增添孩子利用「影偶」創作與表達的機會。</li><li>老師引導孩子將所學的內容統整，並以「影偶」的方式呈現。</li></ul>

照片 7-27　兩腳釘是製作線偶時，不可缺少的材料
（攝於新竹慈幼週教保主題展覽）

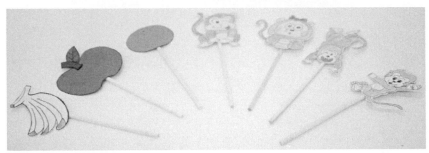

照片 7-28　以卡紙做成不同造型的杖偶
（明新科大　學生製作）

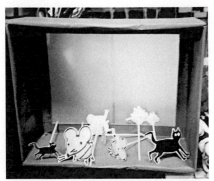

照片 7-29（1）　皮影戲的後舞台製作是利用
　　　　　　　　大紙盒將中心挖空，再以包
　　　　　　　　裝紙和繪圖紙加以黏貼而成
　　　　　　　　的
　　　　　　　　（康寧護專　林順桂製作）

照片 7-29（2）　皮影戲的前舞台製作是利用大紙
　　　　　　　　盒將中心挖空，再以包裝紙和繪
　　　　　　　　圖紙加以黏貼而成的
　　　　　　　　（康寧護專　林順桂製作）

照片 7-30　運用空盒子黏貼紙卡，也可以製作出
　　　　　立體造型的紙偶
　　　　　（明新科大　學生製作）

相關教具製作點子

㈠ 手影偶

　　在黑暗的空間裡，將燈光照向手部的變化姿勢，就能在牆上呈現出投影的黑色影像。例如：將食指與拇指做成圓形的姿勢，中指與無名指伸直，在燈光的投影之下，就彷彿見到一隻兔子的頭在牆上；分別將左右手的手指合併在一起，再將左右手的拇指交叉放在一起，在燈光的投影之下，就彷彿見到一隻在飛翔的鳥兒了。

㈡ 襪子套偶

　　以襪子為主體做成套偶，可套在手上操作。襪子套偶的造型，可依個人的喜愛而增添其他材質或物品的裝飾。例如：想做一頭恐龍的造型，可在襪子上面縫上兩顆鈕扣當眼睛，黏貼兩個亮片當鼻孔，最後再以一條彩色塑膠繩當舌頭。

㈢ 紙盤貼畫

　　把一個圓形紙盤對摺，並用訂書機釘住其對摺處後，在上面就可以進行

許多的紙工，並且可依孩子的能力與創意，做出自己的想像空間與滿意作品。孩子們可以做成許多不同的造型，如：章魚、烏龜、鱷魚、小狗、兔子、袋鼠、蛇和小丑等等。

㈣ 腳印畫

請孩子們雙腳沾上彩色顏料，將腳印印在大張圖畫紙上。老師可以將一大張長條厚圖畫紙，用膠帶固定黏貼在地上，圖畫紙的一端放著一盆已準備好的顏料，圖畫紙的另一端則放著毛巾和一盆清潔的水，以便孩子們作畫之後可立即清洗。老師則可以引導孩子如何在圖畫紙上留下那深深的腳印。

㈤ 人體輪廓畫

請一位孩子躺在一張大圖畫紙上，再請另一位孩子拿著蠟筆，沿著第一位小朋友的身體外圍，將其全身輪廓描繪出來。老師也可以請孩子將描繪出來的外圍輪廓，用剪刀剪下來，和自己實際的身體做比對，書寫上自己的名字，再將之黏貼於教室內。

㈥ 手印畫

請孩子們雙手沾滿顏料，然後將手印印在圖畫紙上。一般而言，此種作畫的呈現方式有兩種：個別的和團體的。個別的呈現，是讓孩子們的手印在一張約 A4 大小的紙上，再書寫上孩子的名字，這種方式頗能保留孩子個人成長的紀錄；另一種為團體的呈現，乃是師生共同為某個主題而將手印呈現在一張大圖畫紙上面，並且在個人的手印上寫著自己的名字，這種呈現的方式可用於許多主題，如：我們這一班、感謝卡、慰問卡、歡迎海報等等。

第 八 章
文化教育的
　　教具製作與應用
Cultural Awareness

第 一 節　文化教育的內涵

　　「文化」這個概念有廣義和狹義兩種內涵，前者包括了人類社會物質與精神兩大領域的一切成果；後者是指人類活動的精神成果，包括科學技術和各種社會意識等領域（林乃榮，1995）。由此可見，文化教育包含了社會與精神層面的活動與成果表現，如：飲食、宗教信仰、風俗習慣、服裝、語言、文字、歌曲、舞蹈……等。

　　對於幼兒而言，「文化」教育的落實與實行，彷彿是一粒種子落在地上之後的孕育與成長。人們若播下了「良善的種子」，就會結出「良善的果實」，更需要有充分的陽光、空氣和水，方能長好。種子有了人們的關照、養分的補充滋潤，與良好適當的環境之後，就會逐漸長大，從一粒種子開始，慢慢展露其嫩芽、枝芽、葉子，進而開花、結果，茁壯地長成一棵對於人類有貢獻的植物。因此，文化教育對於孩子的一生而言，可謂是既深且長遠也。教師在引導教學時，亦應把握教學的重點，配合幼兒成長的敏感期與吸收性心智，依孩子的個人經驗、家庭背景與理解程度，在生活和環境裡，將文化

的概念融入學習中，以便讓國家的小幼苗能夠成為文明國家中的「真正文化人」。

第二節　中國文化的認識與教具製作

當您知道文化的意涵與其對於幼兒的深遠影響之後，在本節中將提供給您一些適合於幼兒教學的文化簡介，以供參考。

一、認識台灣的原住民

㈠ 各族的名稱

共可分為賽夏族、泰雅族、邵族、鄒族、布農族、阿美族、魯凱族、卑南族、排灣族和達悟族（雅美族）等十族。

㈡ 各族分布的地點

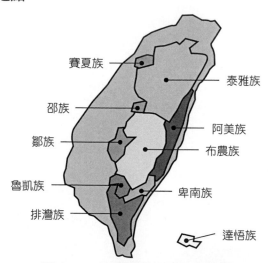

圖 8-1：台灣原住民的分布圖

（資料來源：公共電視文化事業基金會）

表 8-1　台灣原住民的名稱與分布

名　稱	分　布
賽夏族（Saisiat）	新竹縣五峰鄉山區、苗栗縣南庄鄉山區
泰雅族（Atayal）	南投、苗栗、台中、新竹、花蓮等地
邵族（Thao）	南投縣魚池和水里兩鄉境內，大部分集中於日月潭德化社
鄒族（Tsou）	嘉義縣阿里山鄉、南投信義鄉、高雄縣桃源、三民鄉
布農族（Bunun）	南投仁愛鄉、南投信義鄉、花蓮、台東、高雄等地
阿美族（Ami）	花蓮縣、台東縣、屏東縣滿洲鄉
魯凱族（Rukai）	高雄縣茂林鄉、屏東縣霧台鄉、台東縣卑南鄉
卑南族（Puyuma）	台東縣卑南鄉、台東市
排灣族（Paiwan）	屏東縣、台東縣
達悟族（Tau）	台東縣蘭嶼鄉

㈢ 原住民的文化特色

1. **賽夏族**（Saisiat）

◉有「矮靈祭」。

◉紋面藝術頗具特色。

◉紋面是一種社團標記，也是成年的象徵。

◉賽夏族人大部分能夠使用泰雅語或客家話，甚至以這兩種語言為日常生活用語。

◉賽夏族是典型父系氏族社會，有很清楚的姓氏制度。

◉賽夏族是台灣原住民當中，唯一能夠直接由漢姓看出氏族關係的族群。

◉賽夏族人的姓氏制度很特殊，以動物、植物、自然現象作為氏族的圖騰，並加以運用在漢姓上面。例如，目前姓「風」的族人相傳是風的後代，

「日」姓族人則是神話中射日英雄的後代，而「茍」姓則表示他們的祖先來自長滿九茍樹林的地方。

2. 泰雅族（Atayal）

- 有一則「感風而孕」的故事。
- 存在著「女人村」的傳說。
- 織布是泰雅族女子成長過程中，最重要的技藝。
- 泰雅族女子成長的過程中，必須學會搗米。
- 有鑿齒的風俗習慣。
- 泰雅族是台灣原住民中分布範圍最廣的族群。

3. 邵族（Thao）

- 目前人口只有近二百人。
- 與漢人、布農族的通婚情形非常普遍。
- 邵族曾經被認為屬於鄒族或布農族的一支。在鄒族的傳說中指出，邵族人原為鄒族人，他們的祖先是為了追逐一頭罕見的白鹿，才來到現今日月潭附近。
- 現在居住在日月潭德化社的邵族人，仍然有相當濃厚的傳統宗教信仰，每一個家庭都有一個「公媽籃」，裡面置放祖先用過的衣服與飾物。
- 關於邵族，許多學者都認為應該歸入已經漢化的平埔族的一支，但是邵族人並不接受這樣的分類，反而努力爭取為台灣原住民的第十族。他們認為即使人口數很少，邵族仍然是存在的，族人不但保留特有的傳統文化、祭典和宗教信仰，更重要的是，他們還具有非常強烈的族群意識。

4. 鄒族（Tsou）

- 「哈莫」（hamo）是鄒族最敬畏的神明，為男神。
- 大多不刺青。

- 有鑿齒的風俗習慣。

- 有「大耳人」之稱。

- 有類似漢人「挽面」的方式，來去除臉部的細毛。

- 「高山青，澗水藍，阿里山的姑娘美如水啊，阿里山的少年壯如山」，這一首家喻戶曉的「高山青」，正是阿里山鄒族人的寫照。沉穩內斂的性情、鮮明的五官、帶著幾分的驕傲與自信，是鄒族人給人的印象。

5. 布農族（Bunun）

- 小孩的成長禮是殺豬。

- 拔牙缺齒即象徵成年。

- 布農族人以為缺齒是美的象徵，亦有「祈福」之意。

- 通常男女到十五、六歲時，都須將上顎兩側二顆門牙拔去。

- 居住在中央山脈兩側，海拔一千公尺以上的山區，是典型的高山民族。

- 每年十一至十二月之間，是布農族人舉行小米播種祭的時節，為了祈求小米能夠豐收，部落中的男人會圍成一圈，以虔敬的心情一起合唱「祈禱小米豐收歌」（Pasibutbut）。

- 布農族人相信，歌聲愈和諧、好聽，天神愈高興，代表今年就能夠收成結實纍纍的小米，而這種合唱方式就是布農族人聞名國際的「八部合音」。歌聲一開始，其實只有四部合音，但是當音域高達某一層次時，就出現了八個不同的音階，因此被稱為八部合音，是世界上獨一無二的合音方式。

6. 阿美族（Ami）

- 耳洞最大，所以人稱「大耳孔阿美」。

- 以女性為中心，是母系社會。

- 重生女不重生男。

- 豐年祭是其重要慶典。

- 阿美族人擁有多采多姿的服飾、曼妙的舞姿與輕快歡樂的歌聲。

- 族人性情大多開朗、樂觀，待人態度主動而親切。

7. 魯凱族（Rukai）

- 認為祖先是靈蛇變成的。

- 不殺靈蛇。

- 喜歡收藏珠子，視為傳家之寶。

- 魯凱族的另一個標誌是配戴百合花。百合花象徵著女子的純潔與男子優異的狩獵技術，一般人配戴百合花時，只能把花心朝旁邊側戴，只有頭目階級的人才能將花心向前。

- 魯凱族的祖居地被稱為「雲豹的故鄉」，相傳魯凱族祖先由台東的海岸上岸，不久即遷移至山區，來到中央山脈南段的肯杜爾山定居。過了一段時日後，部分族人在部落領袖的領導下，由一隻通靈的雲豹帶路，和一隻老鷹在空中引導，翻山越嶺，最後抵達舊好茶部落。雲豹到了舊好茶便停留在這裡，久久不肯離開，族人於是在舊好茶建立了部落。之後，族人又遷移至霧台鄉，建立了阿禮、去霧、霧台等部落。因為感念雲豹和老鷹，族人就禁止獵殺牠們。

8. 卑南族（Puyuma）

- 實行家屋連名，亦即本名後連接自己居住的房屋名稱。

- 特別尊重本名，只有家屬中的尊親屬才能使用。

- 稱呼別人時，先叫其綽號是此族的風俗。

- 「會所」是培育青少年成年的地方。

- 關於族名「卑南」二字，長老們解釋為「團結」之意。

9. 排灣族（Paiwan）

- 無重男輕女或重女輕男的觀念，但對長嗣則非常重視。

- 婚姻注重「門當戶對」，頭目與頭目攀親，平民與平民通婚。

- 外號很多，如：很兇的人常被稱為「蛇」（Kalitsiketsi）；貪吃的人則被稱為「老鼠」（Kulavai）。

- 在雕刻藝術上的表現，以及華麗的傳統服飾最引人注目。

- 有階級制度的排灣族，只有貴族才能擁有家屋的雕刻品。

10. 達悟族（Tau，雅美族 Yami）

- 典型的海洋民族，漁業是最重要傳統生計，他們的曆法、祭典、或是在藝術創作的表現，都和漁撈活動有密不可分的關係。

- 有著名的「飛魚文化」。每年三月開始是飛魚隨著黑潮迴游到蘭嶼海域的季節，居住在島上的達悟族人會舉行招請飛魚前來的飛魚祭（Mivawa），祭典結束後，達悟族人將展開每年為期大約五個月的捕飛魚活動。達悟族人視飛魚為上蒼賜予的神聖物品，要以戒慎恐懼的心情對待，因此在他們的文化中，衍生出許多有關飛魚的禁忌與社會規範。

二、教學方式與教具製作

- 老師可以引導孩子認識各族文化的特色，包括：食物、居住方式、服裝、語言、文字、音樂、風俗習慣等。

- 教師可以利用社區或社會資源，以增添教學的多元性與豐富性。

- 在教學前，老師應有充分的教學準備；教學過程中，則應盡可能請孩子參與；教學結束時，則應對孩子的所學有所統整。

- 各族文化的教學可以多元的方式呈現，如：文化與特色的配對、文化與分布地點的配對、自製文化小書等。

- 文化的介紹亦可以提供相關實物、文字、圖片、影片、錄音帶等方式來進行教學。

- 邀請不同種族文化的人員到教室來現身說法，亦是一種難得與難忘的學習經驗。
- 教師應有追求各種不同文化的動機與興趣，才能以正確的方式，引導孩子走進多元文化的世界中，而不帶有任何不協調的色彩。
- 教師應教導孩子如何尊重與欣賞他人的文化。
- 老師對於文化教學的引導，應了解孩子的能力與理解。
- 老師可以安排戶外教學的機會，實地參觀不同文化的體驗。
- 教師可藉著說故事的方式，將原住民的傳說與文化介紹給孩子了解。
- 經由分享討論的方式，請孩子們說出個人對於原住民族的看法或曾有的相處經驗。
- 在教導各族的傳說與由來時，老師可以用演戲的方式讓孩子參與。
- 教學時，可以邀請孩子們建構各族文化的學習角落。

三、認識唐詩

(一) 時期的分類

唐詩可以分為初唐、盛唐、中唐和晚唐四個時期。

(二) 詩體的分類

唐詩的詩體可分為五言絕句、五言律詩、五言古詩、七言絕句、七言律詩和七言古詩。

(三) 唐詩範例

詩名：《夜思》

作者：李白

詩體：五言絕句

詩文：床前明月光，疑是地上霜。

舉頭望明月，低頭思故鄉。

詩名：《春望》

作者：杜甫

詩體：五言律詩

詩文：國破山河在，城春草木深。

　　　感時花濺淚，恨別鳥驚心。

　　　烽火連三月，家書抵萬金。

　　　白頭搔更短，渾欲不勝簪。

詩名：《登鸛鵲樓》

作者：王之渙

詩體：五言絕句

詩文：白日依山盡，黃河入海流。

　　　欲窮千里目，更上一層樓。

詩名：《出塞》

作者：王昌齡

詩體：樂府

詩文：秦時明月漢時關，萬里長征人未還。

　　　但使龍城飛將在，不教胡馬度陰山。

詩名：《遊子吟》

作者：孟郊

詩體：樂府

詩文：慈母手中線，遊子身上衣。

臨行密密縫，意恐遲遲歸。

誰言寸草心，報得三春暉？

詩名：《回鄉偶書》

作者：賀知章

詩體：七言絕句

詩文：少小離家老大回，鄉音無改鬢毛催。

兒童相見不相識，笑問客從何處來。

四、教學方式與教具製作

- 老師除了可以提供適合幼兒朗誦的唐詩之外，也可以選取一些孩子們易於了解的宋詞、詩經、幼學瓊林或三字經等作品。

- 老師在指導孩子們認識唐詩或宋詞時，也可以配合音樂的吟唱方式來進行。

- 老師在引導孩子們認識這些文學經典之作時，可以說故事或畫圖的方式，讓孩子們了解作品本身的意義。如此一來，不僅可以增添孩子們學習的樂趣，也可將作品中較抽象的描述，轉化為具體的理解。

- 將所要教的詩或作品以文字海報的方式呈現出來，有助於孩子們對於文字的認識。

- 老師可以引導孩子們以戲劇的方式，將文學作品演出來，這不僅可以加深幼兒的學習記憶，也可增添不少的學習樂趣。

- 當孩子們對於作品有所了解之後，可以提供一長條形的圖畫紙，請孩子們共同合力畫出作品的內容；作品完成時，老師可以在孩子們所畫出來的圖

畫上書寫文字。如此一來,師生各盡其能完成的作品,則可以張貼於教室裡適合的角落了。

五、認識客家文化

㈠ 客家文化的介紹

　　客家文化的獨特之處,在於存留著豐富的中原古風。他們雖然由中原遷至南方山區,乃至東南亞、南北美各地,卻能在語言、風俗、習慣、文學、藝術等方面保持中原古風。既承襲遠古遺風,又肇於新環境的守禮重義、好學問、講倫理的風氣,充分表現了客家民系的氣質(資料來源:主題學習:客家文化)。

　　在客家家庭裡,一般風尚是家族制的數世同堂,雖然現代因社會的發展而使此家族規模趨於瓦解,但是其無形的傳統約束力,仍高過其他族群。客家人在生活各方面,大多以維持家庭、俾使其屹立不墜為中心,他們對家庭忠誠,主要價值就在於安定社會秩序。家族的運作由家長主持——由家族中尊長者擔任(不一定由最年長者擔任),家長統率全家,有絕對的權力。家長健在時,雖子孫滿堂也不分家(資料來源:主題學習:客家文化)。

　　客家婦女常深受大家欽敬。由於客家丈夫多離鄉背井以維持家計,所以客家婦女自然成為一家的實際支柱。客家人雖不免受重男輕女觀念的影響,但是兩性間仍較他族平等。客家女性自小與男性一同勞作,因而自古即無纏足的陋俗。舉凡往來種作、上山割草,乃至家中瑣碎的例行家務,無一不攬,對公婆予以無微不至的關懷,與丈夫相敬如賓,並無時不給予精神支持,憂丈夫之憂,所以她們實為中國婦女的傳統典型。

㈡ 客家精神的介紹

　　客家人在一千多年輾轉遷徙、艱辛開拓、勇敢創業的過程中,將一個民

系遷播於中國十七個省、區和海外八十四個國家與地區，使之成為漢民族中一支人口多、分布廣、影響大的一個民系；且能自發地透過懇親會的形式聚集一堂，像一家人一樣，敘親情、談鄉誼、求發展。這含有多麼偉大的精神力量啊（資料來源：國立新竹師範學院國小美勞教師進修網站）！

事實上，客家人正是以其卓越的人文精神，即刻苦耐勞、堅韌剛強、開拓創業、團結奮進的精神而著稱，這也正是客家民系千百年來遷徙發展，並保持強大凝聚力、創造力的根本所在（資料來源：國立新竹師範學院國小美勞教師進修網站）。

㈢ 客家習慣的介紹──擂茶

擂茶又名「三生飲」，是海陸豐籍客家人招待貴賓的傳統茶品，有悠久的歷史。

民間傳說中，講述客家人喝擂茶的習慣，是起自於三國時代。當張飛帶兵進攻武陵（今湖南常德）之際，正值炎夏酷暑，當地又有瘟疫流行，軍士病倒無數。村中的一位看病郎中，特將祖傳去瘟祕方──三生飲獻給張飛，結果患病的將士們在喝了這「三生飲」後，個個都藥到病除。自此之後，這「三生飲」就一傳十、十傳百的，由將士們口耳相傳地傳遍各地。

這用生茶、生薑與生米，三種帶「生」字的原料，入擂缽研磨成糊狀，兌水入鍋烹煮，並視各人口味添加鹽或糖的「三生飲」，也就是亦飲亦藥的傳統擂茶（資料來源：www.lmcf.org.tw/htm_f/travel/travel10.htm）。

㈣ 客家童謠的介紹

「天公落水」是一首非常膾炙人口的客家童謠。這首童謠共分為三段，各段內容敘述如下：

第一段敘述的是下雨時，一位可愛的女孩戴著草帽，到水邊看魚兒快樂優游的情形。

第二段敘述雨剛停的時候，妹妹到清澄的魚塘邊玩紙船的情形。

第三段則說到太陽出來後，弟弟帶著風箏到公園玩，蜻蜓在草地上飛舞的情形。

「天公落水」

天公哪，落水呀，阿妹呀，戴頂草帽來到坑水邊，

坑水呀，清又清，魚仔在水中，泅來泅去。

天頂哪，有雨呀，老妹呀，戴頂笠嬤來到魚塘燎，

塘水呀，淨又淨，紙船就在水中，浮來浮去。

日頭哪，出來啊，老弟呀，拿隻紙鷂來到公園放，

草地呀，青又青，揚尾就在園中，飛來飛去。

【註解】

落水．下雨	笠嬤：斗笠	紙鷂：風箏
有：沒有	日頭：太陽	揚尾：蜻蜓

六、教學方式與教具製作

㈠ 教學中，可以安排實際製作擂茶的過程，讓孩子們親自體驗操作的樂趣與認識客家文化。

㈡ 老師可以將孩子們製作擂茶的過程，以相機拍攝起來，再將照片作為操作後的統整教學之用。洗好的照片，加以護貝後可作為教具，讓孩子們將照片中的製作過程，依先後次序排列出來。

㈢ 老師可以和孩子們分享討論製作的過程、材料的使用、飲擂茶等的話題。

㈣ 教唱客家童謠的時候，可以配合肢體動作與道具的使用，來增添其學習的

活潑性。

七、認識閩南文化

㈠ 文化特徵

　　閩南文化也稱為「閩台文化」、「河洛文化」、「福佬文化」和「閩台方言文化」，其特徵就是閩南方言。如今，台灣的閩南方言經過四百年的時間，已經形成特有的本土化語言，與當初的發源地（福建等地）有所不同。就腔調上而言，台北、台中等地偏泉州腔，台南、高雄等地則偏向漳州腔。

　　近年來，台灣逐漸重視語言與文化的保存工作，閩南方言雖可謂為台灣方言人數眾多的一種語言，但為了發揚及保存其文化，有心人士仍不遺餘力地在努力推行許多相關的文化活動，並且欲落實其教育的傳承。因此，對於教育工作者而言，引導孩子認識台灣的閩南文化，也是一項重要的工作！

㈡ 台灣童謠的介紹

　　「童謠」是兒童們唸誦的歌謠，又稱為「兒歌」，它既像是孩童們心靈嬉戲的玩具，也像是天籟，出自於孩童們內心純真無邪的歡唱。不論依時間或作者的區分，童謠都可以區分為「創作童謠」或「傳統童謠」兩大類。前者的作家與好的作品較難產生，後者則是經過歲月的篩洗結晶，往往是珍貴的文化資產。由於童謠是口傳的文學作品，所以眾人的增一句話或減一句話，都有可能影響到童謠內容的改變，因此，童謠常常被賦予更長遠而多采多姿的生活力，也使得它的意境更清新、效果更詼諧，為舊日農村的孩子們，平添了無數的情趣和歡樂。所以，為了避免傳統童謠在歲月的洪流中逝去，更為了保存文化的遺產，我們應該積極地做好這個文化傳承的工作。

「一的炒米香」

一的炒米香，二的炒韭菜，

三的沖沖滾，四的炒米粉，

五的五將軍，六的好子孫，

七的煮麵線，八的甲伊分一半，

九的九嬸婆，十的撞大鑼。

「嬰仔搖（挽茄）」

嬰仔搖，搖到內山去挽茄，

挽偌多，挽夠一布袋，

也好呷，也好賣，

也好趁鏡給嬰仔作度晬。

「火金姑」

火金姑，來食茶，茶燒燒，配香蕉，

茶冷冷，配龍眼，龍眼會開花，仔換冬瓜，

冬瓜好煮湯，仔換粗糠，粗糠要起火，

九嬸婆仔賢炊粿，炊到臭火燒兼煮火。

八、教學方式與教具製作

㈠ 老師可以和孩子們一起創作有趣的童謠,並將之書寫下來,呈現於教室內,相信孩子們一定會對於如此創作出來的作品,充滿高度的興趣,並增添不少的學習樂趣。

㈡ 老師在課程設計時,可以將台灣的閩南文化列為主題式的教學來進行,並且師生可以共同蒐集和分享相關的圖片、文物、食物或服飾等等。將共同蒐集到的物品,一一介紹完畢之後,可呈現於教室內適當的位置,讓孩子們有機會再親自接觸或仔細觀賞。

第三節　世界文化的認識與教具製作

在本節中,文化教具的製作與運用,乃是在提供機會讓孩子們了解地圖、地球儀的運用、國旗、國家、地理位置、人民與服裝、食物等的認識,希望透過老師的引導、師生的共同參與,讓我們對於文化的學習有更多元和詳細的認知與見解。

以下將針對教學中的目的、教材提供與準備、教學方式與技巧,分別一一地來介紹與說明。

一、認識世界各國

㈠ 教學目的

◉ 培養孩子具有世界觀。

◉ 訓練孩子具有地理位置與方向的概念。

◉ 培養孩子尊重他人、他國的態度。

◎啟發孩子對於他國的喜好或好奇。

◎提升孩子對於世界各國的認識。

◎促進孩子成為一位具有文化素養的「國際人」。

(二) 教具製作與教材提供

1. 世界拼圖。

2. 各洲的拼圖（如：亞洲、美洲、非洲……等的拼圖）。

3. 各海洋的拼圖（如：印度洋、太平洋、大西洋……等的拼圖）。

4. 各個國家的拼圖（如：中國、台灣、美國……等的拼圖）。

5. 各個國家國旗的繪製或提供。

6. 介紹世界各國相關書籍、影帶、錄音帶、圖片、文字、物品……等的提供。

7. 「國名與版圖」的配對。

8. 「國家與國旗」的配對。

(三) 教學方式與技巧

1. 拼圖的提供，應依孩子的能力與學習經驗來引導教學，並應從大範圍的認識（如：各洲），漸而進入小範圍的學習（如：各國），如此一來，孩子較容易具有完整的世界觀，並清楚自己與世界相關的地理位置。

2. 培養並且訓練孩子具有良好的地理位置與方向概念，可以從孩子所熟悉的環境或人、事、物中，提供相關的拼圖或地圖來學習與練習（例如：孩子居住於台灣省桃園縣，則可以提供台灣省或桃園縣的拼圖；有孩子的母親來自於越南或其他國家，則可以提供並且教導和該國相關的常識與知識）。

3. 老師可以和孩子共同製作「國家配對國旗」的教具，以提升學習的樂趣與效果。

4. 老師可以「刺工」或「縫工」的方式，讓孩子認識區域或版圖的大小、形狀，同時增進孩子的學習興趣。

5. 老師可以在孩子對於國家有所認識之後，進行「自製小書」的活動，讓孩子的學習除了具有個人的呈現外，並且也將學習的觸角多元化了。

6. 「萬國博覽會」的舉行亦可以融入教學活動中，讓孩子經驗豐富和多采風貌的學習。

二、民族服裝與多元文化的教學

㈠ 教學目的

● 讓孩子認識世界各國的服裝與特色。

● 讓孩子體驗穿著他國服裝的感受。

● 啟發孩子對於他國服裝與文化的探索與好奇。

● 增進孩子對於他國服飾的喜好與尊重。

● 提升孩子對於世界各國服裝的認識。

● 促進孩子對於多元文化的接納與包容。

● 啟發孩子對於他國文物的愛護與蒐集。

㈡ 教具製作與教材提供

1. 「國名與服裝」的文字—實物配對。

2. 「國名與服裝」的文字—圖片配對。

3. 「國旗與服裝」的實物配對。

4. 「國旗與服裝」的文字—實物配對。

5. 「國旗與服裝」的文字—圖片配對。

6. 「國旗與服裝」的文字配對。

7. 「國家版圖與服裝」的配對學習。

8. 「各國服飾的分類」之學習與認識。

9. 依歷史的遠近將服飾分為「古代與現代」的服裝。

10.「各國服裝走秀會」的呈現。

(三) 教學方式與技巧

1. 可安排孩子參與「世界各國服裝走秀會」，並配合當地的民族音樂、文物、特產、國旗……等同時呈現，以增添其特色與文化的風采。

2. 老師可以配合「單元」或「主題」的教學方式，讓孩子於自然輕鬆且愉快的環境中，體驗他國服裝之美及其特色。

3. 老師可以請孩子穿著各國不同的服裝到校來，進行相關的文化教學；若無他國服裝的孩子，則建議可以穿著本國古代或現代的服飾。

4. 老師可以引導孩子共同製作他國簡易的服裝或飾品。

5. 老師可以引導孩子自製「服裝小書」。

6. 老師可以利用影片或相關書籍，讓孩子對於各國服飾有更深入的認識、了解與學習。

7. 老師可以提供一段時間，讓孩子一起來觀察與蒐集周遭環境中，所擁有的世界各國服裝或飾品，包括：實物、照片、圖片、海報、影片……等。

照片 8-4　客家文化中，常見的「擂茶」
　　　　　（明新科大　二技學生示範與製
　　　　　作）

照片 8-5　「籤詩」與「籤」是廟宇內常見的
　　　　　物品。圓筒內的竹籤是由竹筷橫
　　　　　切，再書寫文字所做成的
　　　　　（明新科大　溫佳蓉製作）

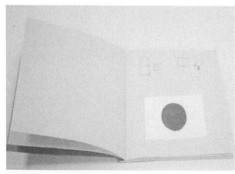

照片 8-7　認識國旗的小書
　　　　　（明新科大　學生製作）

第 九 章

節慶與特別活動的
教具製作與應用
Holidays and Special Activities

第 一 節　　節慶與特別活動的教學意義

　　每一位中國人從童年時代開始，傳統節慶一直是生活中重要的部分，甚至成為一種生活的習慣，例如：春節、端午節、中秋節、冬至等節慶，平均分布在春、夏、秋、冬四季裡。農業社會時，人們是以節慶來作為劃分時間的座標；而現今，在台灣的人民其生活方式雖然改變了，對時間的觀念也不同以往了，但是節慶的意義並未淡化。中國傳統節慶都具有「祈福」、「消災」、「天人合一」、「團員聚會」的特質，同時也有「休息」的意味；中國人是勤勞的民族，在一年中幾乎沒有假期，節慶則有一種調節的功能，也可以說是以往農業社會中農民的假期，更是現代人的運動休閒與度假的好時光（資料來源：華人地球村：台灣寶島）。

　　中國人是一個重視傳統的民族，也是念舊的民族；在台灣現代化的生活中，使每一位中國人還深切體會到自己是中國人的，除了血緣、地理、歷史和語言的因素之外，就是這些傳統節慶了（資料來源：華人地球村：台灣寶島）。由此可見，在孩童幼年時期引導他們對於傳統節慶的認識，除有助於

他們增廣見聞之外,更能夠讓他們對於中國傳統節慶和台灣文化有所認同。

節慶的課程安排和教學是幼兒教育中重要的一環。因為對於孩子而言,節慶令他們歡欣、好奇、期盼、有別於平常生活,且可接觸到不同的人、事、物和文化等。老師若能將節慶的活動融入教學中,不僅讓孩子體驗到節慶的特別,還能幫助孩子對於節慶的意義與由來有更進一步的了解和體會。在教育部國民教育司所編印的「幼稚園課程標準」中,於「常識」領域「社會」的教學內容裡,也提到老師須教導孩子「認識我國重要的節日與民俗活動」(教育部,1987)。

特別活動的安排與教學,乃在於啟發孩子對於生活中的特別現象和社會生活中的關注與興趣。對於幼兒而言,周遭環境的改變、人物的變化、事情的轉變,皆會對其造成發展或學習上的影響,因此,老師若能將發生於孩子周遭之人、事、物的特別事情,融入於教學中,這不僅可以滿足孩子「知」的學習欲望,也可以幫助孩子對於發生的特別事情有所認知並具有安全感。在教學材料的提供方面,老師若可以蒐集先前相關活動的資料,而這些資料可以從已書寫成小冊子式的簡介、雜誌文章、書本、電視、投影片或幻燈片中找尋,經過準備統整好之後,就可以循序漸進地依照孩子認知發展能力來進行教學了(Seefeldt & Barbour, 1994)。

第 二 節　節慶與特別活動的教學內容

一、節慶的內容

節慶的內容可以包括學校與國家兩方面,以下的內容可以供您參考:

(一) 學校方面

Parent-Teacher Meeting　　　　親師座談

The First Day of School	開學
Open House	學校日
Spring Break	春假
Summer Vacation	暑假
Winter Vacation	寒假
Contest	學藝競賽
School Fair	園遊會
Sports Day	運動會

(二) 國家方面

Chinese New Year	新年
Lantern Festival	元宵節
Valentine's Day	情人節
228 Memorial Day	二二八紀念日
Arbor Day	植樹節
Youth Day	青年節
April Fool's Day	愚人節
Women's and Children's Day	婦幼節
Tomb Sweeping Day	掃墓節
Easter Sunday	復活節
Labor Day	勞工節
Nurses' Festival	護士節
Mother's Day	母親節
Dragon Boat Festival	端午節

Father's Day	父親節
Double Ninth Day	重陽節
Mid-Autumn Festival	中秋節
Teacher's Day	教師節
Double Tenth Day	雙十節
Taiwan's Retrocession Day	台灣光復節
Halloween	萬聖節
Thanksgiving	感恩節
Christmas	聖誕節

二、節慶小檔案

㈠ 春節

● 「春節」：農曆的元月初一，是中國人心目中最重要的節慶。

● 「春節」原來稱作「過年」、「元旦」或「三朝」。

　「三朝」：亦即歲之朝、月之朝、日之朝。也就是說，春節不只是一天的開始，也是一月的開始、一年的開始。

● 「開正」：春節當天的第一件事是祭拜祖先，稱為「開正」，通常在早上舉行，但時間不一，這也就是為什麼春節當天的鞭炮聲此起彼落、相繼不斷的原因。

　「開正」時所需準備的物品有：年柑、年糕、鹹粿、牲醴、四果、香燭等。

● 「行香」：亦即一次出門去拜很多的廟。

● 「走春」：出門拜年之意。

● 「給紅包」：又稱為「給壓歲錢」，意謂著又長大了一歲。

● 書寫春聯，是中國春節的熱鬧活動之一。

- 貼春聯，象徵著迎福接祥之意。
- 新年景象與活動有舞龍、舞獅、貼春聯、放爆竹、發壓歲錢、拜年等。

(二) 元宵節

- 「元宵節」是農曆正月十五日，由於這一天要點燈放燈，所以又稱為「燈節」；亦稱為「上元節」或「小過年」，是春節最後的高潮。
- 「花盒」：就是煙火、煙花。
- 「吃元宵」：是吃湯圓的意思，且有祈求家家都能團圓無缺之寓意。
- 「蜂炮祭典」：每年於鹽水鎮舉行。
- 中國人過元宵節的習俗從漢代就開始了，在當夜裡，家家戶戶無不點燈之外，並且在公眾集會的地方，還有大型的花燈會；為了使燈會更熱鬧些，更發展出放煙火、猜燈謎等活動出來。
- 元宵節的主要活動包括提燈籠、猜燈謎、吃湯圓、搖元宵、放花盒、燈會、燈市等。

(三) 端午節

- 端午節：又稱為「詩人節」，是農曆的五月五日。
- 端午節是為了紀念戰國時代楚國的愛國詩人屈原，他因憂國傷時而投汨羅江自盡，故又稱為「詩人節」。
- 掛艾草或蒲草：是除瘟避邪的象徵。
- 小孩身上掛著「艾虎」的香包，男人喝雄黃酒，傳說有求吉祥、避邪的作用。
- 貼鍾馗畫像：民間相信鍾馗是鬼王，皆認為貼其畫像有鎮鬼伏妖、除瘟避邪的威力。
- 划龍舟：為紀念屈原，原本是敲鑼打鼓以嚇走魚群，以免詩人的屍體為水族所食，後來演變為划龍舟比賽。

- 端午節的主要活動：包粽子、吃粽子、門口掛艾草、掛菖蒲、掛「艾虎」香包 、滑龍舟、貼鍾馗畫像、喝雄黃酒等等。

㈣ 中秋節

- 中秋節：為農曆的八月十五日，是祭拜月亮的節日，也是最優美而浪漫的日子。

- 在中國民間裡，這一天也是土地公的生日。

- 月亮：對中國人而言，它的別名有「月宮娘娘」、「太陰星主」、「月姑」、「月光神媽」、「月光菩薩」等。

- 中秋節之際，因一年的辛勞已到了尾聲，並且人們等待著收成的日子，因此一般人懷著感恩天（以月亮為代表）、地（以土地神作為象徵），來歡度這個節日。

- 中國人相信祈求月神的保佑，可以使全家團圓吉祥。

- 中秋節吃月餅，象徵著團圓之意；吃柚子，希望月神護佑的意思。

- 中秋節當晚的月亮分外的明且大，許多情侶也喜歡選擇在這一天約會，以祈求「月圓人圓」。

- 中秋節的主要活動包括吃月餅、吃柚子、賞月、約會、烤肉（現代的活動之一）。

三、特別活動的內容

　　特別活動的內容可以包括家庭、學校、社會與國家等各方面，所發生的任何特殊具有教育意義的事情，皆可以包含於教學內。例如：

- 開學前的準備
- 新生入學
- 運動會

- 園遊會
- 畢業典禮
- 戶外教學
- 參觀拜訪
- 親子旅遊
- 義賣活動
- 社區活動參與
- 社會新聞的關懷與回饋

第 三 節　節慶與特別活動的教具製作與運用

一、教具的製作與應用

　　老師可以依孩子的能力與經驗，將節慶和特別活動的教具製作與應用，融入教學或活動中，讓孩子親身體驗節慶的意義與由來，並且認識特別活動的目的與生活的關聯性。

表 9-1 節慶與特別活動的教學內容與教具製作

內容	教具/教材製作與運用
新年	◎ 自製鞭炮、紅包袋 ◎ 春聯的書寫 ◎ 對聯的配對練習 ◎ 製作年糕 ◎ 籤詩的製作 ◎ 舞龍舞獅的道具製作與表演
元宵節	◎ 體驗做「元宵」 ◎ 搖元宵的學習 ◎ 燈籠的製作 ◎ 猜燈謎的教學安排 ◎ 燈會、燈市的教學活動
端午節	◎ 配合教學於門口懸掛艾草 ◎ 自製香包 ◎ 龍舟的製作 ◎ 畫鍾馗像 ◎ 練習包粽子
中秋節	◎ 自製「嫦娥奔月」的故事書 ◎ 「嫦娥奔月」的道具製作與戲劇表演 ◎ 參觀如何製作月餅 ◎ 練習製作月餅 ◎ 柚子皮的創意造型發揮
情人節 母親節 父親節 教師節	◎ 卡片的製作 ◎ 以文字表達情感 ◎ 以圖畫或圖片呈現愛意 ◎ 以錄音方式傳達情意 ◎ 以實物添加創意設計，展露巧思，來表情傳意
二二八紀念日 植樹節 青年節 雙十節 光復節	◎ 國旗的製作與懸掛 ◎ 自製相關節日之「圖片小書」 ◎ 自製「文字小書」 ◎ 自製歷史年表 ◎ 相關節日活動的表演

（續下表）

內容	教具／教材製作與運用
萬聖節 感恩節 聖誕節	◎ 以文字或創意的方式，將節慶的由來或歷史呈現出來 ◎ 自製創意節慶的卡片（如：以平面、立體、電腦繪圖等） ◎ 相關節慶的道具製作與戲劇表演
開學前的準備	◎ 親子布告欄的製作 ◎ 名牌卡的準備 ◎ 幼兒作息時間表的製作與提供 ◎ 教學角落的布置 ◎ 學習區域的標示 ◎ 教學型態與模式的呈現 ◎ 教學進度表的製作
新生入學	◎ 家長手冊的提供 ◎ 家長停車證的製作 ◎ 家長接送幼兒簽到簿的提供 ◎ 孩子個人衣物櫃的標示
運動會 園遊會 畢業典禮	◎ 邀請卡的製作 ◎ 節目單的設計 ◎ 會場指示牌的提供 ◎ 海報的呈現與張貼
戶外教學 參觀拜訪 親子旅遊	◎ 活動調查表的製作 ◎ 通知單的設計 ◎ 活動地點的地圖提供 ◎ 活動手冊的印製 ◎ 活動回響實錄
義賣活動 社區活動參與 社會的關懷與回饋	◎ 師生合作，以寫信的方式安慰病人家屬，以表關懷 ◎ 以繪畫的方式，表達對於某活動的感謝 ◎ 以錄音的方式，表達對參與某項活動的感想

二、教學方式與技巧

㈠ 教具製作時，老師應考慮孩子們的能力，若孩子無法以個人的方式獨立完成時，老師可以小組的方式進行，或以師生共同創作的方式來完成。

㈡ 在製作之前，老師可將作品的主題先告訴孩子，再和他們討論希望製作的

過程與內容，如：製作的方式、作品的大小、人員的分配、材料的提供等。同時，也可以告訴孩子們，老師在製作過程中的角色是協助與引導者。

㈢ 教具製作之前，師生可共同蒐集相關作品或資料，以供討論與參考之用。

㈣ 對於幼小孩童製作教具時，老師須提供適當的時間長度，應力求避免時間過長，而影響到孩子們的專注力與興趣。

㈤ 當孩子們的教具製作無法於當日內完成時，老師可以於教室內提供一個適當的位置，建議孩子們可以將未完成的作品放置於此，待隔日再繼續完成。如此一來，作品的完成則不需受時間的限制，不用於當日之內完成，又可以讓孩子們有足夠的討論和思考空間。

照片 9-1 ⑴　中國節慶由來的小書（封面）
（元智大學　學生製作）

照片 9-1 ⑵　中國節慶由來的小書（內頁）
（元智大學　學生製作）

照片 9-3　中秋節與端午節的節慶食物分類
　　　　（明新科大　鄭淑敏製作）

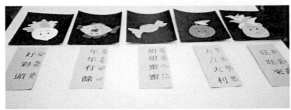

照片 9-6　以圖片和文字做成配對的方式，呈現節慶食物
　　　　代表的意義
　　　　（明新科大　溫惠瑜製作）

照片 9-5　一串以紙質為材料的
　　　　鞭炮
　　　　（攝於元智大學）

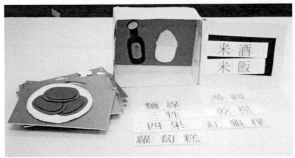

照片 9-7　以立方體盒子為主體，呈現出可更動式的祭拜
　　　　物品圖片和名稱
　　　　（明新科大　黃婷婉製作）

照片 9-10　這一串粽子內包的
　　　　　　既不是糯米也不是
　　　　　　肉，而是一團報紙

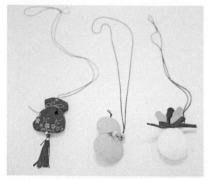

照片 9-11　造型可愛多樣的香包，可將
　　　　　　不同香氣的物料置入包內
　　　　　　（明新科大　學生製作）

照片 9-12⑴　七夕節教具，以長條紙捲軸做成的連環
　　　　　　　圖片
　　　　　　　（明新科大　王心均製作）

照片 9-12⑵　七夕節教具，以連環圖片的方式，呈現
　　　　　　　出七夕的傳說故事
　　　　　　　（明新科大　王心均製作）

照片 9-13　配合中秋節傳說
　　　　　故事的杖偶
　　　　　（明新科大　學
　　　　　生製作）

照片 9-15　以護貝壓花的方式，製作出母親
　　　　　節的溫馨小禮物
　　　　　（明新科大　二技學生製作）

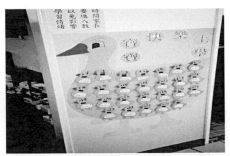

照片 9-17　學生名牌放置處的提供，可便於
　　　　　孩子們在進行特別活動時，辨識
　　　　　與取拿其名牌之外，也方便老師
　　　　　對於參與人數的掌握
　　　　　（攝於新竹托兒所）

照片 9-18　老師將孩子們的名字卡以打字的
　　　　　方式製作好之後，可便於孩子們
　　　　　每日到校時做為「簽到」活動之
　　　　　用，並且學習認識自己的名字
　　　　　（攝於俄亥俄州蒙特梭利小學）

參考書目

中文部分

田哲益（2003）。台灣原住民生命禮俗。台北：武陵。

周淑惠（1998）。幼兒自然科學經驗——教材教法。台北：心理。

周淑惠（2002）。幼兒教材教法——統整性課程取向。台北：心理。

林南風（2002）。幼兒體能與遊戲。台北：五南。

林乃榮（1995）。中國古代飲食文化。台北：台灣商務印書館。

林清玄（1999）。傳統節慶。行政院文化建設委員會出版。台北：藝術家。

岩田陽子原著，吳旭昌、吳如玉編（1988）。蒙特梭利教育：理論與實踐——感覺教育。台北：新民幼教圖書。

高玫（1987）。自我肯定訓練在團體輔導中的應用。訓育研究，第 28 期，第 21-25 頁。

教育部（1987）。幼稚園課程標準。教育部國民教育司編。台北：正中書局。

康惠栞（2001）。幼兒體能。荳逗龍體能研發中心編著。台北：啟英。

黃瑞琴（1997）。幼兒讀寫萌發課程。台北：五南。

黃郇媖（2002）。幼兒文學概論。台北：光佑。

黃錫權等譯，黃秋玉校閱（2004）。R. T. Isbell & S.C. Raines 著。幼兒創造力與藝術。台北：洪葉文化。

蔡子瑜、邱奕寬、李德芬編著（2001）。幼保指南——幼兒發展與輔導。台北：啟英。

廖美瑩等譯，黃秋玉校閱（2004）。R. T. Isbell & S. C. Raines 著。幼兒創造力與藝術。台北：洪葉文化。

薛曉華譯（1997）。Shirley C. Raines & Robert J. Anady 合著。全語言之理論與實務。台北：光佑。

盧台華（1985）。肯定紀律訓練在教室管理上之運用。特殊教育季刊，第 15 期，第 30-33 頁。

鄧榮坤（1995）。客家歌謠與俚語。台北：武陵。

戴文青（2000）。學習環境的規畫與運用。台北：心理。

魏寶貝譯（2000）。蒙特梭利英文的讀與寫。台北：及幼。

魏麗卿（1995）。從蘋果的認識談起──感官教育的重要性。蒙特梭利雙月刊，第一期。

魏麗卿等譯，黃秋玉校閱（2004）。R. T. Isbell & S. C. Raines 著。幼兒創造力與藝術。台北：洪葉文化。

英文部分

Button, K., Johnson, M., & Furgerson, P. (1996). Interactive writing in a primary classroom. *The Reading Teacher, 49* (6): 446-454.

Chattin-McNichols, J. (1995). *The absorbent mind: Maria Montessori.* New York: Henry Holt and Company, LLc Publishers.

Chattin-McNichols, J. (1998). *The Montessori controversy.* Canada: Delmar Publishers.

Fisher, B. (1991). *Joyful learning: A whole language kindergarten.* Portsmouth, NH: Heinemann Educational Books.

Founta, I. C. & Pinnell, G. S. (1998). *Spelling in the Literacy Classroom.* NH: Heinemann.

Gettman, D. (1987). *Basic Montessori: Learning activities for under-fives.* London: Christopher Helm Publishers Ltd, Imperial House.

Goodman, K. S., Goodman, Y. M., & Hood, W. J. (1989). *The whole language evaluation book.* NH: Heinemann Educational Books.

Herr, J. & Larson, Y. R. L. (2004). *Creative resources for the early childhood classroom (4th Edition).* Delmar Learning, a division of Thomson Learning, Inc., U. S.A.

Hirsch, E. D. & Holdren, J. (1996). *What your kindergartner needs to know.* New York: The Core Knowledge Foundation.

Hughes, F. P. (1991). *Children, play, and development.* Boston: Allyn & Bacon.

Hundley, S. & Powell, D. (1999). Investigating letter and words through shared reading. In *Voices on Word Matters: Learning About Phonics and Spelling in the Literacy Classroom.* NH: Heinemann.

Jackman, H. L. (1997). *Early education curriculum: A child's connection to the world.* New York: Delmar Publishers.

Joan, P. I. & Mary, R. J. (1993). *Creative expression and play in the early childhood curriculum.* New York: Macmillam Publishing Company.

Johnson, J. E., Christie, J. F., & Yawkey, T. D. (1987). *Play and early childhood development.* Glenview, IL: Scott, Foresman.

Kohl, M. (1994). *Preschool art: It's the process, not the product.* MD: Gryphon House.

McCarrier, A., Fountas, I. C., & Pinnell, G. S. (2000). *Interactive writing: How language and literacy come together, K-2.* Portsmouth, NH: Heinemann.

Norris, J. (2000). *Daily summer activities moving from preK to kindergarten*. CA: Evan-Moor Corp.

Norris, J. (2002). *Teaching young children: Learn while having fun* (*ages 1-6*). CA: Evan-Moor Corp.

Romberg, J. (2002). *Hooked on art!: 265 ready-to-use activities in seven exciting media / Jeanean Romnberg*. NJ: Prentice Hall.

Rief, S. F. (2001). *Ready start school! : Nurturing and guiding your child through preschool and kindergarten*. NJ: Prentice Hall Press.

Seefeldt, C. & Barbour, N. (1994). *Early childhood education: An introduction*. NY: Macmillan College Publishing Company.

Stanek, L.W. (1993). *Whole language: Literature, learning, and literacy*. NY: The H. W. Wilson Company.

Thayer, K. & Westby, S. (1999). *How to manage your early childhood classroom*. CA: Teacher Created Materials.

網站部分

香港偉才國際教育集團廣州公司。

www.21gm.com.cn/huiyuan/member1.htm

華德福課程理論與實務。

http://www.npttc.edu.tw/academic/child/NEWS/%E8%8F%AF%E5%BE%B7%E7%A6%8F%E8%AA%B2%E7%A8%8B%E7%90%86%E8%AB%96%E8%88%87%E5%AF%A6%E5%8B%99.htm

http://www.sdjtu.edu.cn/xdjyzx/xdjy/jybzl.htm

陳維國，《幼教論壇——如何對幼兒進行生活常規教育》。人民教育出版社。

http://www.pep.com.cn/200212/ca10707.htm

楊寶華，論幼兒良好常規的培養。郴州小太陽訓練中心。

http://www.littlesun.net.cn/luntan4.htm

林意苹、林雯娟、洪忠義撰稿，肯定訓練理論在班級經營上的運用。

www.course.ncue.edu.tw/article56.shtml

中華親子網（2003-12-25），禮節教育。

http://www.qinzi.cn/news_show.asp? NewsId=214

北京學前教育網（2004-6-2），韓國家長幼教與育兒。

http://www.bjchild.com/Article_Show.asp? ArticleID=5795

育兒生活，讓幼兒學會自己照顧自己。

http://www.goodbaby.com/GoodBaby/Article.asp? art_id=16375

嬰幼兒的情感培養。

http://www.dqt.com.cn/kjyd/baby/wen11.htm

情商的培養，造就一個優秀的孩子。

http://babybook.vip.sina.com/qingshangdepeiyang.htm

也談幼兒園素質教育的實施（2002-11-27），人民教育出版社。

http://www.pep.com.cn/200212/ca34984.htm

潘捷、徐冬雪：輕鬆活潑發展語言智能。

http://www.yaolan.com/shiqi/Toddler/app/toddler_article.asp? article=17794

大家健康・育兒生活，抓緊寶寶學習敏感期（2004-6-29）。

http://baby.sina.com.cn/edu/2004-06-29/55_9892.shtml

語言智能，北京快學堂教育科技發展有限公司。

http://219.237.81.123/duoyuan/kc_yuyan.asp

發展幼兒語言智力：加德納第一種智力理論。

http://www.cbe21.com/subject/english/printer.php? article_id=1988

新華網（2004-03-17）。幼兒不宜過早寫字，六歲以後學習更適合。

http://news.xinhuanet.com/edu/2004-03-17/content_1370742.htm

無處不在的幼兒數學教育（2002-11-26），人民教育出版社。

http://www.pep.com.cn/200212/ca31993.htm

為幼兒的數學學習做好經驗準備（2002），摘自：學前教育研究。版權所有：
　　人民教育出版社。

http://www.pep.com.cn/20021201/ca58013.htm

幼兒數概念相關發展。

http://content.edu.tw/vocation/child_care/ks_sd/Media/Chap5/math.htm

幼兒量的概念。

http://www.we-love-kids.com.tw/info/info-brain/info-brain-1-2.htm

財團法人公共電視文化事業基金會（2002）：公視新聞部原住民組企劃／公
　　視網際網路組製作。

國立新竹師範學院國小美勞教師進修網站。

http://club.pccu.edu.tw/a141/haka2.htm

http://www.theweb.org.tw/my/students/traditional/hakka.htm。（主題學習：客家
　　文化）

www.hchst.gov.tw

http://www.lmcf.org.tw/htm_f/travel/travel10.htm

華人地球村網：台灣寶島。

http://www.ocac.net/newocac/taiwan/taiwan_4.index.htm

多元創意教具製作與應用
Hands-On Teaching Aids and Applications in Multi-Creativity

照片次

第三章　語文教育的教具製作與應用

第五章　　自然與科學教育的教具製作與應用

照片 5-32　　北極星圖卡的提供，讓孩子練習以七顆星星和一條細繩組合成北極星座

照片 5-33　　書中附有口袋，可放入世界各洲人文、環境、地理的圖片

彩圖 5-34　　各式各樣不同貝殼的配對，讓孩子認識貝殼的種類與形狀

照片 5-35　　各種不同礦石的提供和文字配對卡

照片 5-36　　蛋於鹽水中（左杯內）向上浮，淡水中（右杯內）向下沉

照片 5-37　　不同的紙質塗上蠟筆之後，放入水中有不同的展開速度

彩圖 5-38　　以壁報紙呈現出「可溶解」與「不可溶解」之物品和名稱

照片 5-39　　裝滿空氣的氣球，會產生一股前進的動力

照片 5-40　　將氣球分別套在裝有水（左一）與醋（左二）的瓶子時，氣球會產生
　　　　　　　不同的變化

照片 5-41　　人對吸管吹氣，會將保麗龍球吹起而不掉落於地

彩圖 5-42　　實驗燃燒中的蠟燭需要空氣

照片 5-43　　以塑膠袋感受空氣的存在

彩圖 5-44　　溫度計的製作與運用

彩圖 5-45　　有指針之天氣圖表的製作與使用

彩圖 5-46　　立體造型的「雲」、「太陽」和以線懸掛的「雨滴」

彩圖 5-47　　簡易的風向器製作，紙杯上方標示著東、西、南、北的方向

照片 5-48　　梳子摩擦後所產生的靜電，可吸起細碎紙片

彩圖 5-49　　以紙箱子做成的皮影戲舞台

照片 5-50 (1)　旋轉動力書的封面

照片 5-50 (2)　旋轉動力書的內容之一：風力

照片 5-50 (3)　旋轉動力書的內容之二：電力

照片 5-50 (4)　旋轉動力書的內容之三：人力

照片 5-51　　吹風機的氣體對流，讓乒乓球懸浮於空中

照片 5-52　　傳聲筒的製作

照片 5-53　　在圖畫紙背面貼上磁鐵，就可以「磁力」來移動立體紙卡

第六章　體能與遊戲教育的教具製作與應用

第七章　藝能教育的教具製作與應用

第八章　文化教育的教具製作與應用

第九章　節慶與特別活動的教具製作與應用

表次

第六章   體能與遊戲教育的教具製作與應用

第七章   藝能教育的教具製作與應用

第八章   文化教育的教具製作與應用

第九章   節慶與特別活動的教具製作與應用

圖次

國家圖書館出版品預行編目（CIP）資料

多元創意教具製作與應用／魏麗卿著. --初版.--
臺北市：心理, 2005（民 94）
面；　公分.--（幼兒教育系列；51078）
參考書目：面
ISBN 978-957-702-790-0（平裝）

1.學前教育—教學法　2.教具—設計

523.23　　　　　　　　　　　　　94007241

幼兒教育系列 51078

多元創意教具製作與應用

作　　者：魏麗卿

執行編輯：陳文玲

總 編 輯：林敬堯

發 行 人：洪有義

出 版 者：心理出版社股份有限公司

地　　址：231026 新北市新店區光明街 288 號 7 樓

電　　話：(02) 29150566

傳　　真：(02) 29152928

郵撥帳號：19293172　心理出版社股份有限公司

網　　址：https://www.psy.com.tw

電子信箱：psychoco@ms15.hinet.net

排 版 者：辰皓國際出版製作有限公司

印 刷 者：辰皓國際出版製作有限公司

初版一刷：2005 年 5 月

初版十一刷：2024 年 8 月

I S B N：978-957-702-790-0

定　　價：新台幣 350 元